DOORWAYS TO LIGHT

光への招待

神の使者たちとのアストラル通信

クリシュナナンダ 著
真名 凜 訳

太陽出版

光への招待

DOORWAYS TO LIGHT
by Krishnananda

私は当初、本書を『知られざる光の知られざる存在』と題した。

ある日、アマラが連絡をくれてこう言った。

「それでは長すぎますから、『光への招待／DOORWAYS TO LIGHT』としてください」

――クリシュナナンダ

はじめに

私は長年、この本を執筆したいと望んできた。何度か作業に取りかかり、一部を書き上げたこともあったが、本が完成することはなかった。

最近のことだが、ある日、私は自分の人生の灯火がすでに消えかかっていることに気づき、これを書こうと決意した。たとえ未完成に終わったとしても。

時と共に、この本は長くなったり短くなったりして、形を変え続けてきた。また、その内容も、数々の驚くべき事柄が加わったことで複雑さを増していった。私が悩まされたのは、何を本に書き、何を書かないでおくかということだった。

・・・

本書の主題は、私の師のアマラである。ここにはまた、私の人生における本質的な事柄、ならびに、リシとして知られている高い領域の光の存在《ライト・ビーイング》たちをめぐる重要な事柄についても織り交ぜられている。

よって本書のより大きな主題は、知られざる光の知られざる存在だと言うことができるだろう。

一九九八年

クリシュナナンダ

第二版に寄せて

本書を最初に出版してから八年が過ぎた。この本が多くの人々の心に触れ、その人たちを新たな世界へと誘《いざな》ってくれたことを嬉しく思っている。ほとんどすべての読者が、リシやアストラルな世界についてのより多くの情報を求めて、読後すぐに私に手紙やメールをくれた。私が驚かされたのは、その人たちが共通して、どれほど高学歴であろうと科学的な考え方を尊んでいようと、リシ／光の存在やプラヤ／移行期のプロセスやサティヤ・ユガ／光の時代の到来について直観的に受け入れたことだった。

専門家に編集を依頼して改訂版を出すべきだと熱心に助言してくれた人たちもいたが、あえて受け入れないことにした。体裁を整えなおすことはせずに、もとの素朴さを残したかったからである。
さらに多くの人々が新たな世界に目覚めることを、そして世界により多くの光が輝くことを願って。

二〇〇六年十一月十六日

クリシュナナンダ

・目次・

・・・PART Ⅱ

〔本文中の＊印は、すべて訳注用語〕

PART I

1 アマラと七人のリシ

これはフィクションではない。けれどもここに記した事柄のうちには、フィクション以上に奇異に思われることもあるかもしれない。私は誰をも説得しようとはしていない。

事実とは何だろう?

高い領域から見下ろせば、私たちの暮らす世界はただの絵にしか見えない。さらに高くに昇っていけば、世界は跡形もなく消えて、ひたすら広大な空間が広がっている。もっと高いところでは、ただ光が輝いているだけだ。そこでは、いつもそうして光が輝いていたのだ。私はそれには気づかず、自分はすべてを知っていると思っていた!

未熟な科学と限界ある論理を過信し、はるかに高度な科学が存在することも、論理ではとらえきれない真理があることも知らなかった。私は多くを知らずにいた。アマラに出会う以前のことだった。

・・・

私は一九七七年にアマラと出会った。バンガロールの肌寒い二月の夕刻に、私は友人とアマラの家に入っていった。こざっぱりと整えられた客間でわずか数分待った頃、堂々たる体躯の五十代の男性が威厳をたたえて入ってきたかと思うと、優しく微笑んだ。それがアマラだった！

私は、髭の長い、数珠を首にかけた人物を思い描いて待っていたのだが、アマラは全くそのようではなく、きれいにアイロンのかかったシャツとズボンといういでたちで、大学教授のようだった。しかしまた彼には、当時の私の理解を超えた茫洋としたところがあった。挨拶を交わしたのち、彼が尋ねた。

「瞑想をしたいのですね？」

私は頷《うなず》いた。彼の声は深く、穏やかで、親しみがこもっていた。彼はにっこりしてから、長いことじっと私を見つめていた。何を考えているのかは分からなかったが、私を深くさぐっているようだった。私の内でも何かが表面化してきているように感じられた。それは、ぼんやりとした記憶と暖かな感覚だった。私は彼に見覚えがあるような気がしてならない、と言った。

アマラはまた微笑むと、こう言った。

「以前、知り合いでしたから」

「いいえ、これが初対面ですよ！」

「過去生での話です」

どう反応すればよいのか分からなかった。他の人の言うことであれば一笑に付していただろう。けれどもアマラの言葉からは、本当のことを言っているとしか思われないような誠意が感じられた。私は話の続きを待ったが、彼は口を閉ざしたままだった。きっとあれこれ説明したくなかったのだろう。事実を語れば、それで事足りたのだ。説明を必要とすることではないということだった。彼は翌日来るようにと言い、私たちが帰るときにこう声をかけた。

「リシ*（インド神話に登場する仙人。超人的な力を持つ）たちが、イニシエーションを授けてくれます。予約を取っておきましょう」

リシたちの予約を取る！　もちろんおおまかな話は友人から聞かされていた。アマラは、高い領域に暮らすサプタ・リシ*（神話に登場する七人の代表的なリシ）つまり七仙と交流があると。サプタ・リシは、ハイアラーキー*（さまざまな宗教によって伝えられる、天上界の存在のグループ）としても知られているが、アマラは夜な夜なアストラル体で活動し、そのリシたちと共に人間の幸福と進化のために働いているということだった。

リシたちは明日やってくるのだろうか？　私もリシたちに会えるのだろうか？　私は期待に胸をふくらませ、想像をたくましくしながら、騒がしい通りと、空気が冷たい外の世界へと出ていった。世界はこれまでとはどこか違って見えた。

・・・

本を参考にして自己流に瞑想してみたことが何度かあったが、間もなく書物というものは、興味深い理論の集成ではあっても、実用的な手引きとしては、ごく初歩的な段階でかろうじて参考になるだけで、あまり役に立たないのだと悟ることになった。教えてくれる人が必要だった。私は先生につきたいと思うようになった。

翌日、約束の時間にアマラに面会した。彼は上階の一室に私を連れていった。部屋には香の煙がたちこめており、何体かの大きな神像と、いくつかの大きな鏡が置かれていた。そこには温かな静けさと、神聖な雰囲気が漂っていた。私が素早くあたりに目を走らせるとアマラが微笑んだ。

「リシは見えません。ここにいるとはいってもアストラル体ですから」

リシが見えると思ったわけではなかったが、私はもう一度あたりをさっと見回した。リシは確かにそこにいたのだろう。神聖な存在の気配があり、心でリシに触れることができた。

私はアマラの前に座って待った。

アマラは瞑想のやり方について簡単に説明したあと、とても明快に指導してくれた。

「瞑想とは、静めることです。体、心、知性というシステム全体を徐々に沈静させるのです。まずシステムが浄化されます。するとシステムを通じて高度な経験ができるようになりますが、高度な経験をすることで、私たちはやがて高度な存在へと変容することになるのです。源《ソース》に繋がることもできるようになり、どんな知識をもそこから直接引き出せるようになります。自分たちをめぐるさまざまなことについて、また創造、誕生、死などについて、直接知ることができるようになるのです」

「瞑想と集中は同じですか？」と私は尋ねた。

「違います。瞑想は集中を超えたものです。瞑想をしているうちに、意識の内側を旅することができるようになります」

「でも、本には……」

「分かっています……。いろいろなことが間違って伝えられているのです。私の知識は、リシたち直伝です。そもそも人類に瞑想を教えたのはリシたちなのです。何千年も前のことです。リシたちは開祖です。あとからもっと説明します。まず目を閉じて、眉間を意識してください。ここにいるリシがスピリチュアルなエネルギーを注入して、瞑想へのイニシエーションをしてくれますから」

私は目を閉じて眉間を意識し、待った。するとエネルギーの波が上方から注がれてきたような感覚があり、同時に意識がなくなった。目を開けると、アマラが微笑んだ。すでに一時間が経過していた！

私はぼうっとなって、しかしとても快い精神状態で家路についた。こうして、私の意識の内側への旅は始まった。

・・・

「初めてアストラル・トラベルをしたのは、十歳くらいのときでした」

アマラの瞑想室で彼の前に腰を下ろすと、彼はいつものゆったりした調子でこう話し始めた。自分の話が未知の宝であることをよく理解していたアマラは、私の心にすべての言葉が銘記されるようにとの配慮から、こうしてゆっくりと話してくれるのだった。

アマラの提案により、毎週金曜日の夕方にアマラと面会するようになった。私は一週間ずっと彼と過ごすこの貴重な時間を心待ちにしていた。彼は私の状態を調べてから、瞑想の指導をしてくれ、何千年ものタパス[*]（原義は「熱力」で、のちに「苦行」の意味。アマラによれば「深く長い瞑想」）によっても得られないような稀有な知識を授けてくれた。彼は、書物には書いていないようなことを教え、瞑想の科学のすべてを伝授してくれた。ある日のこと、長い沈黙ののち、彼はこう言った。「今のあなたなら、パタンジャリ[*1]の『ヨーガ・スートラ[*2]』に新たな一章を書き加えられますよ！」

金曜日の面会時にアマラは、リシたちとの共同作業について、また自分自身の経験について話してくれた。ある日には、リシたちとの最初の交流のことを聞かせてくれた。

「手術を受けたときのことです。麻酔をかけられて、十数えるよう言われました。六まで数えたところで意識を失いました。体の意識はなくなりましたが、別の次元の意識がありました。この次元がアストラル界というものだということは、あとになって知りました。

自分の体の中を動き回ることも、体の外に出ることもできそうな気がしました。実際私は、暗い道を通って体の外に出てしまったのです。何の努力もいりませんでした。そうしたいと思ったとたん、外に出ていたのです。

すると、医者たちに付き添われた自分の体が下方に見えました。遠く、上のほうの世界から、不思議な音楽が聞こえてきたのはその時でした。そこに行ってみたいと思ったとたん、信じられないような速さで動き始め、天井を突き抜けて宙を進んでいきました。後ろのほうに見える街がみるみる小さくなっていき点のようになったので、地球の圏外に出たのだと気づきました。例の音楽は宇宙のさらに高いところから響いてきました。不思議と怖さは感じませんでした。楽しくてたまりませんでしたから。

私たちの住む地球は、大きな月のような姿をしていました。果てしなく広がる闇の中を進んでいき、月と金星と水星の脇を走り抜けて、ついに太陽にまでたどり着いたと思うとその内部に入ってしまいました！　明るく燃えさかる表層部を通り抜けると太陽の内部には青い空間がありました。いくつかの地球が見えましたが、例の音楽は中央の地球から聞こえていました。そこに着地してみると大都市が広がっていました。

巨大な建物が中心部にあって、大勢の人たちが出入りしていたので、私も中に入っていきました。音楽のことは忘れていましたが、音楽は不意に止んだようでした。大きな広間に入っていくと、見事な美男子が、冠をかぶって目のくらむような玉座に腰かけていました。皆がその人に拝礼していたので、私もそれにならいました。その時、誰かが私の肩に触れました。振り向くとそこには見覚えのある人がいたのです！

『ここで何をしているのですか？』とその人にきかれたので、私が説明したところ、その人は、自分は過去生で私の友人であったが、そこは死ぬ前に来るべきところではない、と言うのです！　その人が私を広間の外へ連れ出したので、玉座に座っていた人のことをきいてみました。彼は、その人はスーリヤ・ナーラーヤナ神、つまり太陽の神だと教えてくれました。たまらなく心が躍りました。

外に出ていくと、テントのようなものがいくつかありました。二人でその一つに入っていくと、七人のリシが、長身で精悍な体つきのリシを囲むようにして座っていました。中心にいるのがヴィシュヴァミトラ・マハリシ*（インド神話に登場する王、のちにリシとなる）で、周りを囲んでいるのがサプタ・リシで、名前をブリグ・マハリシ、アトゥリ・マハリシ、アンギラス・マハリシ、ヴァシシタ・マハリシ、プラスティヤ・マハリシ、プラハ・マハリシ、クラトゥ・マハリシ*（七人ともインド神話に登場）というのだと、友人が私に耳打ちしました。友人はリシたちに私のことを説明してくれました。ヴィシュヴァミトラ・マハリシは、しばらくじっと私を見つめてから、愛情と理解にあふれた声で言いました。『ここに来ていろいろな経験ができてよかったです。でももう自分の体に戻らなければなりません』

戻りたくはありませんでした！　そこが気に入ったので、そこにいたかったのです。ヴィシュヴァミトラ・マハリシは、微笑んでこう言いました。『どんな人でもここに留まりたいと思うことでしょう。それでもあなたは帰らなくてはいけません。私のほうからあなたを訪ねていくことにしましょう』

逆らうことはできませんでした。彼は、神のように威厳に満ちていましたから。私はしぶしぶそこをあとにして、帰途につきました。天井から下りていくと、医者をはじめとする何人かの人たちが、私の体をじっと見守っているのが見えました。まるで慣れたことであるかのように、私はいともたやすく体の中に戻りました。目を開けると、そこにいた人たちがいっせいに喜びと安堵に沸き立ちました。私がもう目を覚まさないだろうと思っていたのでしょう。

このあと私は、リシが来てくれるのを何日も何カ月も待っていました。けれどもリシはやってはきませんでした。旅のことを話しても、誰にも信じてもらえず、皆が私をからかって笑いものにしました。何カ月かすると、あれはすべて夢だったのだと自分をなだめるようになりました。

ある月が明るい夜のことでした。窓から外を眺めていると、一つの星が動いたのです。その星はすっと私の部屋に入ってきて、私の前に立ちました！　夢ではありませんでした。それから『来ると約束しましたね。ちゃんと来ましたよ。私に会う準備はできていますか？』という声が聞こえてきました。私は頼りない声で『はい』と言って待ちました。まず、ぼんやりとした形が現れたと思うと、その形が次第にはっきりしていき、一分もたたないうちに、ヴィシュヴァミトラ・マハリシが姿を現しました。突然のことに信じられない気持ちでした。私が泣き出すと、リシは私を抱き寄せてくれました。長いこと私はそうして幸せに浸っていました。

それから彼は言いました。『音楽であなたを呼んだのはこの私なのです。今度は私たちと一緒に仕事ができるよう、あなたを訓練するために来ました。毎晩来て、ヨーガとスピリチュアルなことをめぐるすべてを伝授していきたいと思います。いいですか？』

ただ頷くことしかできませんでした。こうして勉強と訓練が始まったのですが、これはほぼ二年半続きました。リシはプラーナヤーマ[*3]、瞑想、深いサマーディ[*]（三昧。アマラはこれを「瞑想における完全な沈黙の状態」と説明した）に入ったりそこから出たりすること、クンダリニー[*4]を高めること、アストラル・トラベル、体を実体化したり増殖させたりすること、サンヤマ[*5]の秘密をはじめとする多くの秘密などを教えてくれました。ある晩彼は、リシたちが毎晩集う、ヒマラヤにある秘密の場所へ、アストラル体の私を連れていってくれました。とても大きな集会が催されていました。ヴィシュヴァミトラ・マハリシが演壇に座ったリシに『若いリシを連れてきました。仕事を手伝ってもらってください』と紹介してくれました。

私が会釈すると『この人は、マールカンデーヤ・マハリシで、進行中の仕事の責任者です』と教えられました。

驚いたことに、その人は青年のようでした。彼はアストラル体ではなく、肉体でそこにいました！　とてつもない高齢で、何千歳にもなっていたはずです。

『この子の名前は何というのですか？』とマールカンデーヤ・マハリシが尋ねると、ヴィシュヴァミトラ・マハリシがそれに答えて、『これからはアマラと呼ぶことにしましょう』と言いました。これが私の名前の由来で、アストラル界ではアマラで通っています」

「今もそのお仕事をされているのですか？」

「ええ」

「何人の人がこの仕事に携わっているのでしょうか？」

「十四万四千人です。世界中のあちこちで、さまざまな文化圏に暮らしています」

「その人たちがどこに住んでいるか、ご存じなのですか？」

「知ってはいますが、肉体の人間としてのつきあいはありません」

「仕事はどういう内容なのですか？」

「いつか分かりますよ！」

「私も仲間になれるでしょうか？」

アマラは微笑んで言った。

「まずは瞑想の技術をマスターしなければ」

・・・

アマラは、本名をアンバーリシュ・ヴェルマ・デサイといい、カウジャラギ王家の出身*（ヒンディ語でいうところの「マハラジャ」）だった。一九一九年にバンガロールで誕生したが、彼の生家は、のちにチャンドラセカール・ラマン[*6]卿の住まいとなった。アマラはバンガロールで教育を受けたあと、マドラスで科学の学位を取得した。生活のために働いたことは一度もなかった。一族は大変な資産家だったからである。けれども彼らは、農地改革制度の導入によって、土地と財産のほとんどを失うことになった。

アマラは既婚者で娘が一人いた。一人兄弟がいたが、若くして亡くなった。大使候補になったこともあったが、リシたちと、物質的領域とスピリチュアルな領域両方での仕事を続けるために、アマラはこれを辞退した。

アマラのことはこれ以上は知らない。アマラは、自分の仕事やリシや瞑想やリシと共に集めた貴重なスピリチュアルな知識についてもっぱら話題にし、自分のことはめったに語らなかった。私にとっても、彼のスピリチュアルな側面のほうが魅力的だった。

・・・

瞑想は簡単ではなかった。思っていたより難しいことだった。膝関節が痛み、あれこれの考えが次から次へと湧いてきては、荒波のように静寂の薄い壁に襲いかかった。また、心はあてどなく動き回ってあくことを知らなかった。ほどなく私は、すっかり自信をなくしてしまった。

アマラは懇切丁寧な助言と励ましを与えながら、一歩一歩私を導いてくれた。アマラはどんなに手を焼かされたことだろうかと、今にして思う。限りない忍耐と無償の愛は、彼の神のような人柄の一部だった。彼は、こうした障害も、成長の過程をなしており、困難があるのは自然なことなのだと説明してくれた。他の初心者たちと同じように、私も悪戦苦闘しながら障害を克服し、前進していくしかないのだった。倦《う》まずたゆまず努力する以外に道はなかった。私は努力して努力して、少しずつ成長していった。

ある日アマラは、アストラル・トラベルの方法を伝授すると、こう言った。――「今晩、ヒマラヤの私たちの集合場所にいらっしゃい！」。一日中、はやる心をおさえきれなかった。夜床につくとき、私は教えられた手続きをふんで、アマラよろしく体を抜け出そうと体勢を整えた。けれども、何も起こらなかった。長いこと待つうちに、わくわくした気持ちは失望に変わり、夜の闇は深まり、私はうとうとと眠ってしまった。目が覚めたとき、夜の冒険を思い出そうとしてみたが記憶はなかった。

アマラは私の失敗談を聞いて微笑んだ。いつも理解の微笑をたたえ、どんなときにも私たちを理解してくれる人だった。彼はこう説明した。「アストラル・トラベルは簡単ではありません。アストラル体が肉体から離れることが、第一の難関です。朝から一日かけて態勢を整えておくことが必要です。心《マインド》が平静を失わないようにしてください。心があなたを運んでくれるからです。心は乗り物の役割を果たします。肉体からの離脱の障害になりますから、消化に負担がかかる物は食べないようにします。また、目的地にたどり着けるだけの想念の力を培うために、朝から行き先のことを思っていなければなりません。一番難しいのは、翌日アストラル・トラベルを思い出すことです。リシが助けてくれますから、必ず体を抜け出して旅《トラベル》ができます。このことは私が請合います。何も思い出せないとしても、旅自体はしたことを覚えておいてください。簡単に思い出せる方法を教えましょう」

私は、アマラが教えてくれたことを一言一句もらさず実践しようと懸命に取り組んだ。それでもなお、アストラル・トラベルを思い出すのは至難の業だったが、アストラル・トラベルをしたということだけはなぜか分かるのだった。また折に触れて、無意識の中からかすかな記憶が浮かび上がってくることもあった。それはぞくぞくするようなスリリングな経験だった。やがて私は自分が選んだところにアストラル・トラベルができるようになり、その内容をこと細かく思い出せるまでになった。するとそのような力は、リシたちも言っているとおり、スピリチュアルな目的のためだけに使うべきものだからと、アマラに念を押された。

ある日、アマラがプージャ室*（神を祀《まつ》る部屋）に私を呼んでこう言った。「今晩、素晴らしいところに招待されていますから、準備をしておいてください」

そこは海中にあるのだという！

「そんなところにどうやって行けるのですか?」

「アストラル体というのは、サトル・ボディ*（微細な体）ですから、五元素であるパンチャ・ブータ*（地、水、火、風、空）の制限も影響も受けません。水や火や壁の中も通り抜けられます」

私はアマラの指示に余すところなく従って、細心の注意を込めてこの素晴らしい旅の準備を進めた。

眠れないままに長い時間がたってしまったので、やきもきしてきた。その頃の私は、眠っている間にしかアストラル・トラベルができなかったが、私の先生のようなマスターは、目覚めながらにしてアストラル・トラベルができるのだった。一時間ほど床の中で不安な時を過ごした頃、何とも不思議なことが起こった。ふと体の外に出て、外の闇の中にいたのだ。何も見えなかったが、大変な速度で動いていた。ほんの数秒行ったところで、私は止まった。何も見えなかったが、暗く荒れた海の上を飛んでいるのが感じられた。波音がし、風が吹いていた！　少し怖かった。

けれども、私は一人ではなかった。闇に包まれていたのに、不思議とアマラが隣にいるのが分かった。アマラのほかにも、知らない人たちがいた。アマラは、瞑想の生徒を何人か集めてきたのだった。一分ほど海の上を飛んでいたと思う。それから降下した。それは一瞬のうちに起こった。突如、私たちは海の下にいたのだ！　あとから何度となく、深く暗い海の中をどうやって通り抜けたのか、詳細を思い出そうとしてみたが何も思い出せず、海に飛び込んだということすら、記憶になかった。

そこは真っ暗だったが、私たちの周りには水はなく、海もなかった。一粒の大きな泡の中にいるような感覚だった。見上げると、そこにも暗闇が広がっていたが、海は闇の上にあるのだと、なぜか分かった。けれども私たちを包んでいた闇がいったい何であるのかは分からなかった。それはエネルギー・フィールドというものだと、あとからアマラが教えてくれた。私たちは極めて特別なエネルギーでできた半球体の中にいたのだった。日中には、その場所から、海の深い水を透かして、太陽の光をうっすらと見ることもできただろう。

「ランカー[*7]です！」

遠くに見え始めた何千もの光に照らしだされた、宮殿のような建物に向かいながら、アマラが言った。

「ここは偉大なるラーヴァナ[*8]の統治したランカーで、真のランカーです。ここは、とても美しい最先端の文明をもった都市でした。ラーマ[*9]はランカーを破壊するのがしのびなかったので、自らの神的源から強力な力を呼び起こして、ここを少しずつ海底に沈めていき、ここに暮らしていたすべての生命を保護したのです。何千年も前の話です。ラーヴァナの子孫たちが今もここを治めています。ヴィビーシャナ[*10]がここに暮らしています。彼は好きなときに、潜水艦のような乗り物に乗って浮上してきます」

「その人に会ったのですか?」

「ええ」

「ここに来たことがあるのですか?」

「ありますよ。何度も!」

胸が躍るような疑問が次々に湧いてきたが、もうそこは目的地だった。背が高く王者のような風格をたたえた人が、深い敬意と親しみを込めてアマラを出迎えた。

広大な広間に入っていくと、玉座のような立派な椅子に案内された。私は、マールカンデーヤ・マハリシがすでに着席しているのに気がついた。仲間の瞑想の生徒たちも何人か来ていた。着席すると、目もくらむような光に輝く若い女性が広間に入ってきて、特別席に案内された。アマラが囁いた。

「パドマヴァティという人です。シャンバラにいるカルキ神[*11]と結婚することになっています」

その女性のほうを見ると、彼女が放つ光が私を包み込んだ。そしてすべてが光になった。光しか見えなくなり、何も聞こえなくなった。意識が光に覆われて、前後不覚になった。目覚めると朝だった。夜の冒険をもっと詳しく思い出そうとしたが、記憶は途切れていた。私は、夜アマラに会いにいって思い出せないことを教えてもらおうと考えた。夜が、何日も先のように感じられた。

その晩、何人かの人がアマラのところにやってきた。どの人にも、少なくとも断片的な記憶は残っていた。それぞれが自分の覚えていることを話すと、どの断片も一つの話の一部をなしているようだった。私たちが思い出せなかったところは、アマラが補足してくれた。

「カルキ神は、一九二四年に誕生し、肉体をもってシャンバラに暮らしています。シャンバラとは、光の存在《ライト・ビーイング》たちの暮らす街で、ゴビ砂漠にあります。ここでは誰もが永遠の若さを保っています。カルキ神は大変動、プララヤ*（帰滅）にまつわる仕事を担うべく、リシたちの訓練を受けています。世界が待ち望んでいる、私たちを暗い時代から救い出して黄金の時代へと解き放ってくれる救世主というのは、カルキ神のことなのです。昨日は彼の誕生日でしたが、誕生日は毎年ランカーで祝われています。彼はランカーにアストラル体で出かけていきますが、リシたちや他の地球に住む光の存在たちもアストラル体で出向きます。あなた方は、そこへの訪問を許されて幸運でした」

「私たちには、一部始終の記憶はありません。リシたちが故意に記憶を消しているのでしょうか、それとも私たちの想起力のほうに限界があるのでしょうか？」

「両方です。それ以上思い出す能力がないという場合もありますし、記憶されることを許されていないこともありますから。当面は秘密にされていることがあるのです」

「パドマヴァティとは何者ですか？」

「話せばとても長くなります。別の機会に話すことにしましょう」

私はこうしたことについて誰にも話さなかった。話せなかったのだ。信じる人などいなかったであろうから。瞑想やアマラのことさえ人には言わなかった。まず一人でアマラの世界を探求したかった。私には、アマラの内に、見えない宝と見えない世界があることがよく分かっていた。

〔訳注〕

＊1　**パタンジャリ**　古代インドの学者。『ヨーガ・スートラ』の編纂者とされる。

＊2　**ヨーガ・スートラ**　ヨーガ学派の根本教典。成立は二〜四世紀頃。パタンジャリによって編纂された。

＊3　**プラーナヤーマ**　人間のシステムの中のプラーナというスピリチュアルなエネルギーの流れを統制する科学。

＊4　**クンダリニー**　人間のシステムに眠っているスピリチュアルなエネルギー。

＊5　**サンヤマ**　「統制」。疑念と瞑想とサマーディによる総合的制御。

＊6　**チャンドラセカール・ラマン**　インドの物理学者。一九三〇年、ノーベル物理学賞受賞。

＊7　**ランカー**　インド神話に登場する古代の都。現代のスリランカとされる。

＊8　**ラーヴァナ**　ランカーを治める羅刹王。悪行の限りをつくした。

＊9　**ラーマ**　ラーヴァナを討った王子。ヴィシュヌ神の化身とされる。

＊10　**ヴィビーシャナ**　ラーヴァナの徳の高い弟。のちにランカーの王となる。

＊11　**カルキ神**　カリ・ユガの終わりに救世主としてやってくると言われる。ヴィシュヌ神の化身とされる。

2　創造の未踏の領域へ

ここでしばらく話を中断して、少しく弁明しておきたい。それでここに書かれていることが信じられるようになるわけではないかもしれないが、私が正気であり、たくましい妄想を記しているわけではないことは、感じ取ってもらえるのではないかと思う。ともかく、それで今後は中断せずにもとの話を続けることができる。

・・・

家が貧しかったため、私は孤独の殻の中に閉じこもってしまった。けれどもそのお陰で内的生活を育むことができた。私は、ショー、モーム、ロレンス、ハクスリー、ラッセル、エリオット、カミュ、カフカ、サルトルなどの作品をはじめとする多くの書物を読み、何編かの短編小説や詩も書いた。友人の依頼で映画の脚本を執筆したこともあった。カンナダ語[*1]の文学を真剣に研究し、新潮流の文学にも強い関心を寄せ、カンナダ語でも長編小説と短編小説を何編か書いた。それらの作品を出版してくれるところはすぐには見つからず、出版社が見つかった頃には、出版したい気持ちはうせていた。もっと良い作品を書きたかったのだ。

私は少年時代から絵も描いていた。正式な訓練を受けなかったので、何の制約も受けずにさまざまなやり方を自由に試みて、自分らしい形や線を発達させることができた。父が若くして亡くなったとき、働いて家族を養っていくことを余儀なくされ、絵を続けられなくなった。結婚してからは、妻も仕事を持っていたので経済状態はいくらか楽になった。私は電信省に勤務していた。

創作という私の内なる世界は閉じ込められたままだった。私はこの世界を誰とも共有できなかった。その時々の関心事を話題にしては自分の見解を披瀝《ひれき》する友人は二、三人いた。けれども私の話を聞こうという人はいなかった。私が夢やヴィジョンを心に秘めているとは、誰も思わなかったのだ。当初私は、こうしたことをいつか言葉や形にできればと願っていた。けれども若さと青年期が遠ざかるにつれて、はかない希望を忘れて生きるようになった。やがて私は、生きていることはそれ自体で十分に喜びにあふれていることを知るようになった。内なる創造性を保っていくことのほうが、それを他人に向けて形にすることよりも大切だった。
本や映画に音楽――私の世界はこれらでいっぱいだった。私は、外の世界が恥知らずな利己心と権力欲によって食い荒らされ荒廃させられるのを、そして価値観が破壊され、前代未聞の平和的でスピリチュアルな闘いによってもたらされた国の自由が踏みにじられているのを、絶望的な思いで見ていた。いつかは秩序や正義が回復されるとも思えなかった。私は神を信じていなかった。ふとサイババ*（現代インドの聖者）に会いに行ったのは、その頃のことだった。

・・・

ある日、私はサイババのダルシャン*（聖者の姿を目にしたり面会したりすること）のために、信者だった妻につきそってホワイト・フィールド*2に出かけた。空中から物を取り出すのだと言って、妻がよくサイババを称えていたので、私もその奇跡を見てみたかったのだ。純粋な好奇心からそこに出向いた私は、サイババのことは何も知らなかった。

サイババが建物から出てきて、バジャン*（聖歌）を歌いながら大きな木の下に集まっていた大勢の群衆の前に姿を現したのは、夕刻近くのことだった。サイババが熱狂した信者たちの間を歩いていくと、熱気はさらに高まった。その時だった。サイババは、空中で何度か手を回したと思うと、パッと手を結び、年配の男性にヴィブーティー、聖なる灰を渡したのである。群衆は沸き立った。いったいどうやってそんなことが可能だったのか分からず、私はただ驚いていた。

一時間後にサイババが建物に戻っていくと、群集たちも散っていった。その時誰かに話しかけられた。その声を聞いたのは耳ではなく心だった！　はっきりとした大きな声だった！

「こんなことは何でもありません。もっと不思議なことや、まだ知られていない真理があるのです」

サイババの声だったのだろうか？　そうだったに違いない！　私はなぜかそう確信した。もっといろいろな話を聞き、もっといろいろなことを知りたかった。

私はサイババに関する本を片端から読み、バジャンにも参加した。プッタパルティ[*3]にも行き、サイババに面会できることを祈りながら、大勢の人たちと一緒に何日も待機した。けれども、サイババと面会することは叶わなかった。

・・・

家の近所に、ある年配の男性が住んでいた。バジャンのグループが週三回、その人の家に集まって歌っていた。彼の部屋にはサイババの大きな写真が何枚か飾ってあったが、写真からは、ヴィブーティーが降ってくることもあったし、蜜が滴り落ちることもあった。これはトリックではなかった。クッパンナという名のこの老人は正直な人だったからだ。私は、こうしたことを目の当たりにしながらも、それ以上のことが起きるのを待っていた。けれどもそれがどんなことなのかは、はっきりと定義できなかった。

バジャンの集まりは、気持ちが高揚するようなものだった。大勢の信者が参加していた。信者たちは、集まりの間は生き生きとして幸せそうだったが、別の折に会うと世間一般の人と変わるところがなかったので、私はがっかりした。彼らも、怒りや嫉妬などの感情にかられ、ありきたりのふるまいをする普通の人間だったからだ。心からの信仰心もバジャンも、長期的な変化をもたらすことはできなかったのだ。

私は奇跡のきらびやかさを超えたもの、それによって生き成長していけるものを探していた。ある日のバジャンのあと、友人が言った。――「瞑想を習ってみたい?」。習ってみたいと答えると、彼は私をアマラのところに連れていってくれた。

・・・

科学的精神について、しばしば人々が語るのを耳にしてきた。目に見えるものが事実であり、実験によって証明されたことが科学であると、その人たちは言うだろう。そして、神や死後の世界、魂や奇跡といったことは非科学的であると断じて、受け入れないだろう。何でもやみくもに受け入れるのは非科学的なことだと私も思っているが、やみくもに否定することもまた非科学的なことだろう。

科学によって解明されていないことは、虚構だと断定することができるだろうか。そうだとすれば、物事を探求する余地はないだろう。探求することなしに、どうやって未知を既知にし、科学を発展させることができるだろう？　また、別の観点もある。そもそも科学は、すべてを解明しうるものなのだろうか、という。たとえば、神が存在するかしないかという問題は、実験台の上での実験にもとづいて結論を下せる類のことではないだろう。少なくとも、マスターたちやリシたちは、実験によってではなく、直観力や特殊能力によって大いなる真理を把握してきたのだ。

科学は、問いに始まり、決して問うことをやめない。真に科学を追究する者であれば、実験室や物理的方法による認識にも、人間の理解力にも限界があることを認めるだろう。現時点で科学的に解明されていないことを虚構としていたのでは、科学は進歩しえない。

私たちは常に偏見のない心で、探求心を研ぎ澄ませて生き生きと保つべきであり、未知の世界を詳しく調べるべく、心的な道具や内的な道具といった、認識のための適切な道具を取り入れていくべきである。

誰もが既知という館にぼんやりと座っているわけではない。新たな知識を求めて、創造の未踏の領域に乗り出す人たちもいる。そうした人たちは、直観やその他の力に導かれ、心《マインド》と意識の内奥という実験室で実験をする。そこから新たな真理が発見され、人間の生活をより豊かなものにしてくれる。それで斬新な博士論文が生まれるとは限らないし、学術的な賞を受けることもないかもしれない。それでも時がたてば、文明はその人たちの足跡に沿って進んでいくことになるだろう。

私たちは、物理的な科学とスピリチュアルな科学両方のマスターたちが発見した真理を受け入れなければならない。

アマラは、スピリチュアルな科学者だった。彼は、第三の目で見ること、アストラル・トラベル、他次元に入ること、宇宙にいる光の存在《ライト・ビーイング》たちと地球にいながらにして交流することなどの特殊能力を持っていた。彼はまたスピリチュアリティの最高の地点にまで昇りつめたので、そこから直接神と交流することもできた。彼はただの超能力者でも、稀有な能力の持ち主もなかった。アマラは、ラーマクリシュナ[*4]やラマナ[*5]やオーロビンド[*6]のようなマスターだった。それでいて人生の海では、普通の人のように生活していた。笑い、冗談を言い、クリケットをし、車を運転し、良質の文学や映画、古典音楽などを愛好した。まず人間として成長しなければ神に近づくことはできない——彼はいつもそう言っていた。彼は、心ある趣豊かな暮らしをしていた。彼は疑いもなく完全な存在であり、偉大なマスターだった。アマラは私たちによくこう言ったものだった。

「普通に生活していくのに特殊能力などいらない、ということはありません。それは本来私たちに備わっている力なのに、私たちのほうでその使い方を忘れてしまっただけなのですから。これらの能力を回復すれば、人は誕生や死をめぐる真実を理解して、この人生が仮のものであることを悟り、あらゆる限界を超えて、私たちがモクシャ*（解脱）と呼んでおぼろげに理解している最終的な自由を獲得することの必要性を理解できるようになるのです。つまりスピリチュアリティは、死後の世界というより、今生での生活に関わるものなのですが、このことは全く誤解されています」

アマラの言葉を十分に理解した人が多くいたかどうかは、定かではない。おそらくいなかっただろう。人を魅了してやまない、アマラのスピリチュアルな冒険談には誰もが聞き入った。けれども、高い領域のリシたちとの交流によって彼が得た教えや啓示に関心を持つ人は、ほとんどいなかった。彼を理解していたら、娘の占星天宮図を持ってやってきて、いつ結婚できるかなどとはきかなかっただろうから。アマラは占い師ではなかったのに。時々彼は笑ってこう言った。

「高度な能力は、こうした個人的な目的のために使われるべきものではありません。高度な能力は、高度な真理を理解するためにあるのですが、人は、真理を理解すると、個人的な問題を自分の力で楽に解決することができるようにもなるのです」

一九三〇年頃アマラは、一九四七年にインドが独立し、四八年にマハトマ・ガンディーが銃殺されることを予言していた。当時は誰もアマラの言うことを信じず、皆あざ笑っていた。それが現実となるまで彼の言葉を忘れていた。彼は偉大なリシのようにすべてを知っていた。それでいながらアマラは、ある時、応募した仕事につけるかという質問をした人に、「分かりません」と答えたことがあった。あとから彼は、その人には面接を受けて結果を待つという過程が必要だったのだと教えてくれた。

「どんな経験も、何かしらを教えてくれるものです。私たちは経験を通じて物事を学びます。人の学習の過程を妨げるのはよくありません」

けれども私はまた彼が同種の質問に答えるのも見てきた。彼はこう説明した。

「弱って限界状態にある人のことは、当然助けるべきです。一つの法則にだけ従うわけにはいきません。他の法則もあるのですから」

アマラはひたすら助けたのだった。

・・・

インド人は、シェイクスピアからジーンズまでマルクス主義からマドンナまで、西洋のものはすべて受け入れた。ヴィヴェーカーナンダ*7やパタンジャリを受け入れたのも、西洋からお墨付きをもらったあとのことだった。自分たちはただの影ではないかとさえ思うこともある。アストラル・トラベルや私たちの住む領域以外の領域について話すと、インドの知識人たちは、私があらぬ妄想を抱いているかのように胡散臭《うさんくさ》そうな目を向ける。とはいえ、西洋で多くの個人やグループが「アストラル体験」や「アストラル・エネルギー」「ニューエイジ」「救世主」をはじめとするさまざまなことについて話題にしているのは、私にとって喜ばしいことだ。というのは、西洋でこのようなことが起きれば、いつかは私もインドで許容されうる存在になれるかもしれないと思えるからだ。私は素晴らしい知恵をもったニューエイジの担い手たちとも交流している。オーストラリア人であるソルントラ・キングは、その一人である。

ソルントラは驚くべき人である。彼女は、透視やアストラル・コミュニケーションができるという特殊能力をもって生まれた。ソルントラは、何百年も何千年も眠っていたあちこちのエネルギー・センターを活性化させながら、また同時に日食や月食、合《ごう》*（地球から見た惑星が太陽と同じ方向に来る）などの特別な機会に宇宙から受け取ったエネルギーをあちこちに定着させながら、何度か世界を回った。一九九五年にカシミールへ向かう道中、彼女は私を訪ねてきたのだが、カシミールでは小さなグループで平和とスピリチュアリティの特別なエネルギーを定着させ、土地を活性化させた。一九九六年に彼女が再訪したので、私たちは互いの仕事についての理解を深め、両者を繋ぐことができた。完全に話が通じ合い、さまざまな領域に一緒にアストラル・トラベルができる人は、ソルントラただ一人である。私が狂人でないと言ってくれる人が一人いるというわけだ。

ここインドは、リシとヨーガの地である。アリヤバータ*8とパタンジャリの暮らしたこの地では、ヴィヴェーカーナンダ、ラーマクリシュナ、オーロビンド、ラマナやその他の多くのマスターたちが生活し、教えを説いた。寺院やアシュラムに囲まれて暮らしていながら、私たちは、エドガー・ケイシーがインド人であったなら受け入れはしなかっただろうし、外国から来たのでなければ、プラーナ・ヒーリングやレイキをも嘲笑していたことだろう。目下、これらは大流行している。

アマラは人にどう思われるかなど気にもとめていなかった。アマラは輝く太陽のようだった。

・・・

彼は非凡な事柄について、仕事に行くとか友人とおしゃべりをするとかいった日常的なことを話題にしているかのように、淡々と語った。私たちが「昨日はどうされたのですか?」と尋ねれば、少しももったいぶらずに話してくれた。たとえば、ヒマラヤに赴いてマールカンデーヤ・マハリシに仕事の指示を受けてから、別の銀河系の星に出向いていろいろな人に会い、そこから情報を持ち帰ったことを教えてくれたこともあったし、ある星に行く途中に遭遇した天使が、怪訝《けげん》そうに地球を見下ろして「地球人たちは最初の人工衛星を打ち上げましたが、今度は何をするのでしょう? 前のサイクルでは核戦争をして殺し合いましたね。今度はどうなるのでしょう?」と言ったという話をしてくれたこともあった。

・・・

一九七七年のシヴァラトリ*(シヴァ神を称えるヒンドゥー教の祝祭)の翌日のことだった。アマラのプージャ室*(神を祀《まつ》る部屋)に足を踏み入れると、驚くべき光景が広がっていた。

壁から天井まで、部屋中がヴィブーティーに覆いつくされていたのである。それまでにもサイババの写真にヴィブーティーが降るのを何度も見ていたが、ここまでのことは、これほどたくさんの灰が広い面積に降るのは初めてだった。部屋全体がこの世ならざる香気に包まれていた。毎週恒例の訓練の時間に入ると、アマラはこう話してくれた。

「昨日サプタ・リシがここに来たので、皆でシヴァ神を礼拝し、祝福としてヴィブーティーをもらったのです」

私は呆然となって座っていた。

「こういうことにとらわれすぎないようにしてください。これは徴《しるし》にすぎないのですから。モーセのために海は道をあけ、イエスが呼んだら死人は蘇《よみがえ》り、マールカンデーヤ・マハリシは一度死にました……。こうした出来事の背後には、神の恩寵と愛があります。私たちが見なければいけないのは、出来事の背後の神なのです」

アマラは目を閉じてしばし沈黙していた。神の拡張した時間に浸っていたのかもしれない。それから、誰からも感じたことがないような、名状しがたく深い誠意と畏敬の念を込めてこう言った。

「私たちは、自分たちと創造についての知識をほとんどなくしてしまったのです。ヴェーダやその他の聖典に書かれていることは、そのほんの一部なので、すべてを説明することはできません。けれどももっと多くの知識が、目覚め始めた人たちによって集められるでしょう。現在人類は、プララヤ[*]（帰滅）期という大変難しい段階にあります。プララヤ期は滅亡期だと思われていますが、これは完全な誤解です。プララヤは変換期、スピリチュアルな目覚めのときなのです。この時期を超えると、人間はその可能性を十全に開花させ、神に劣らぬ存在になるのです。人間は全知全能になります。今日は、人間の起源と由来について簡単にお話ししましょう。細部はもっと込み入っているのだということを頭に置いておいてください。これはほんのさわりです。

二つのピラミッドがあると想像してください。一つのピラミッドが逆さになったもう一つのピラミッドの上に乗っています。最初のピラミッドの底面が、逆さになっているピラミッドの底面に乗っている状態です。これらのピラミッドに挟まれた空間は『マテリアル・コスモス』、もしくはブラフマーンダ[*9]と呼ばれています。何百万もの銀河系を包摂するこの空間は、卵型で、実に広大で、百八十億光年の直径があります。

それぞれの銀河系には膨大な数の星や太陽があります。どの太陽の周りにも惑星があります。そしてその惑星の中には、生命体が生息している複数の地球があります。人間がそれらの地球に暮らしています。時間のサイクルが異なるため、それぞれの地球の進化の程度には違いがあります。私たちより進化が進んだ人たちは、お互いに交流していて、他の地球にも出かけていきます。私たちは進化の中途にありますから、外と交流するのは先のことですが、他の地球からはよく人がやってきて、私たちがその人たちと交流できる状態にあるかどうかを調査しています。科学と技術が発展するだけでは十分ではなく、高度な法則と秩序を理解するためには、スピリチュアルな進化を遂げる必要があります。その人たちは、私たちに限界があることについても、私たちがその中で奮闘していることについても、理解しています。私たちが現在のプララヤ期を脱したあかつきには、その人たちのほうから働きかけてくるでしょう。

銀河系にある無数の地球は、ローカ*（世界）もしくは次元といわれる十四のカテゴリーに分かれていますが、カテゴリー分けは、そこに住む人たちのスピリチュアルな状態にもとづいて行われます。ローカもしくはグループには、完全にスピリチュアルから全くスピリチュアルでないまでの間のさまざまな段階があります。私たちの地球は、ブー・ローカというカテゴリーに入っていますが、ここではスピリチュアルな生活とスピリチュアルでない生活が、等しい度合いで併存しているのです。

『マテリアル・コスモス』の上には、四つの神的な次元があります。まず精神《マインド》が創造された創造の次元があり、それから破壊の次元があり、さらにこれら二つの次元の間に、これら二つの力がバランスよく組み合わさった、生物形態を維持する次元があります。それぞれの次元は、ブラフマー、イーシュワラ、ヴィシュヌとして知られる三人の神が治めています。これら三つの次元の上には、女性エネルギーのシャクティの次元があり、ここは女神《デヴィ》が治めています。これを超えたところには、パラ・ブラフマン*（究極の、ブラフマン／最高実在）、アッラー、聖なる父などと呼ばれる、純粋意識、形なきスピリットの次元があります。これらは神の延長として創造されました。最初に、デヴィ・ローカが生まれ、次にシヴァ・ローカ、ヴィシュヌ・ローカ、ブラフマ・ローカが生まれましたが、マテリアル・コスモス全体は、ブラフマ・ローカから望遠鏡のように延びています。

私たちは、純粋意識の領域からやってきたのです。ずっとずっとはるか昔のこと、私たちは魂として、光の粒子のようなものとして、時間から自由な神の領域で最高の至福を味わっていたのです。そしてある時、神がこう言ったのです。『ローカと銀河系と星と地球を創造しました。丘や木や雲や、さまざまな生命体も創造しました。人間も創造しました。生命の多様性を経験したければ、いろいろな地球に行けます』。私たちの多くは、降下することを選びました。神は、私たちを地球まで連れていき、神の元へ帰してくれる七人の指導者を選ぶと、彼らに特別な指令を与え、地球で生命を司っていく方法を伝授したのです。神は私たちに、経験に溺れることのないよう、注意しました。七人の指導者たちは、サプタ・リシと呼ばれています。このサプタ・リシこそが、ハイアラーキーとして知られている存在なのです。

私たちは、実は宇宙旅行者なのです。異星人としておよそ十億年前にこの地球にやってきました。ここに来る途中、いろいろな大気圏を通過する必要からコーシャ、すなわち鞘《さや》と呼ばれる環境に適した宇宙服を獲得しました。その宇宙服とは、まず知性、次に精神《マインド》、そして最後に肉体でした。私たちは発達の最初の段階にある肉体、つまり胎児の中に入りました。知性と精神は、私たちがここでの生活を営み、経験するのを助けてくれるような、考える能力と感じる能力を備えていました。私たちが人間として誕生し、年をとり、弱って死んだとき、サプタ・リシはもう生まれ変わらないことを選択してアストラル体のままでいたのですが、私たちのほうは、もっといろいろなことを経験したいと望み、再び誕生することにしたのです。そしてこれを何度も何度も繰り返したのです。

私たちは、経験に溺れることのないようにと、忠告を受けていました。私たちは心《マインド》を通してあらゆることを経験するわけですが、心には限界があります。心は適切な量の経験しか収められないため、容量を超えた経験には行き場がなくなります。収めきれなかった過剰な経験は、心の上に蓄積して層になるのですが、これが生まれ変わるたびに厚くなっていきました。私たちには驚異的な認識能力があったのですが、過剰な経験の膜が厚くなったとき、その能力を失ってしまいました。当初、私たちにはアストラル体のサプタ・リシの姿も見えましたし、彼らと交流することもできたのです。けれども五回生まれ変わったあと、その能力を失い、サプタ・リシとも交流できなくなってしまったのです。サプタ・リシは、私たちを導き、私たちの故郷、つまり神の元へと帰ることについて思い出させようとしていました。人間がサプタ・リシと交流できなくなってしまってからは、肉体を纏《まと》った人間の中の、過剰な経験をため込まずに清らかな心を保っている者たちとの交流を通じて人間に働きかけてきました。やがてサプタ・リシは、有志の人材をチャネル、すなわち媒介者としてずっと使っていくことに決めました。現在十四万四千人の媒介者がいて世界中に散らばっています。これら光の媒介者たちが肉体を去ると、別の十四万四千人の媒介者たちが新たに誕生して仕事を受け継ぐことになります。

サプタ・リシは、過剰な経験の覆いを取り除く方法を見つけなければならなかったので、タパス*（深く長い瞑想）を行ってその方法を見つけました。それは瞑想でした！　瞑想は、近年の発見ではなく、二十億年前の発見なのです。この地球が異なるサイクルをかいくぐっていく間、サプタ・リシは実験を続け、数え切れないほど何度も瞑想の方法を向上させてきました。それからサプタ・リシは、媒介者たちを通じて瞑想のやり方を教え始めたのです。大勢の人たちが心を清めて、もと来たところに戻っていきました。けれどもそれ以降にも、多くの魂が地球に初めてやってきて、そのままここに留まることになりました。それでサプタ・リシの仕事は終わることがなかったのです。それぞれ十四万四千人からなる媒介者の二つのグループのほかにも、サプタ・リシは、多くの人たちをリシとして訓練しました。

リシというのは、知恵と力を光という形で集め、維持することができる人のことです。リシはまた、自らの知恵と力の光を輝かせることができます。リシは光り輝く存在なのです。十四万四千人の媒介者たちも、普通の人間ではありません。この人たちもまたリシなのです。この人たちは常に一般の人たちのように暮らしていて、世間の注目を浴びることはありませんが、それは仕事の妨げにならないためです。この人たちの仕事は当初、情報を取り次ぐだけのものでしたが、次第に、自分たちで指揮をして、科学的技術的な発展、スピリチュアルな進化などの分野で人類を導き助けるという、複雑な内容に変わっていきました。彼らは何度となく他の銀河系にある他の地球に出かけていって、新しいことを学んできたり、新しい知識とエネルギーを集めてきたりしなければなりませんでした。彼らは今後アストラル界で、もっと多くのことをしなければいけないでしょう。これらの仕事はどれもある特別なリシが監督し指揮していますが、そのリシは、想像を絶する偉大な能力を持っています。十四万四千人の媒介者は全員、夜中にアストラル体でヒマラヤに出かけていき、このリシに仕事のことを報告します。媒介者たちは、そこでリシから指令を受けて仕事に出かけ、日が昇る頃、再びリシに報告してから自分たちの体に戻っていくのです」

私は我慢しきれずにアマラの話を遮《さえぎ》って尋ねた。「先生も媒介者なのですか？」。彼はそれには答えずに、ただ微笑んだ。私は、アマラが自分をリシたちのワーカーだと言うのを何度も聞いたが、今では彼が媒介者でもありワーカーでもありリシでもあるのみならず、それをはるかに上回る存在でもあったことが分かる。彼を何と呼べばいいのか、適切な言葉は見つからない。ある時アマラにこう言ったことがあった――「先生は本当に特別な方なのだと思います」。すると彼はこう答えた。「ここでは誰もが特別です。そうでなければサプタ・リシと共に働くことはできません」

アマラは謙虚の化身のような人だった。

私は、サンニヤーシン*（行者）やグルなどの多くの宗教的指導者やスピリチュアルな指導者に会ったが、アマラのような人はいなかった。ある時、とても人気のあったスワミ*（僧侶）がアマラに会いたいと言ってきたので、アマラからその人を訪ねていった。スワミは、瞑想やリシについてたくさんの質問をした。アマラはそれらに答えたが、スワミには、現代的な服装をしたスワミでもない人間に、自分より知識があることを受け入れられなかった。スワミはリシの存在を鼻で笑い、アマラをからかってこう繰り返した。「私が鍵をかけてあなたをこの部屋に閉じ込めたら、いったんアストラル体で外に出ていき、それから肉体として現れることができますか？」。アマラは穏やかに言った。「ええ、できますよ。閉じ込めてみてください」。スワミはそれを実行しなかった。アマラをからかうのもやめた。スワミには、自分の前にいるのがただならぬ人であることが感じられたのだろう。もし実際にアマラが部屋の外に現れるのを見たら、スワミの長年の信念や思い込みはどうなってしまったことだろう！

アマラは話を続けた。

「いつか私たちは、もと来たところにも戻っていかなければなりません。自分たちはこの肉体ではないこと、私たちはここではただの訪問者なのだということ、そして私たちは自分の故郷に帰らなくてはならないのだということを理解する必要があるのです。けれどもまず私たちは、無知や執着や低級な楽しみから解き放たれなければなりません。それは生易《なまやさ》しいことではありません。瞑想をするのはそのためです。高度な瞑想に熟達したとき、私たちは自らの神的本質を理解し経験しますが、そこから物理的意識に戻ったときには、自らの本質から離れてしまっていることに気づくことになります。体が死んだとき、体から不純物と地球での経験の残留物がすっかり取り除かれていれば、そしてこの次元に戻ってくることを望まなければ、リシたちが宇宙に、私たちの故郷である神の元へ連れ戻してくれます」

アマラの話が終わると、真理が少しずつ私の認識の世界へ溶け込んでいくのを待つかのように、私たちは長いこと座っていた。アマラの話は、あまりにも桁外れで斬新だった。それを吸収するにはもっと時間が必要だった。肉体のアマラをあとにするとき、私は一言も言葉を発さなかった。

アマラの家を出ると、外の世界はこれまでと全く違って見えた。アマラに会ったあとには、いつも世界は違って見えるのだった。

〔訳注〕

＊1　カンナダ語　バンガロールを州都とするカルナータカ州の公用語。

＊2　ホワイト・フィールド　バンガロール郊外の地名。サイババの拠点の一つ。

＊3　プッタパルティ　アンドラ・プラデーシュ州の町。サイババの居住地。

＊4　ラーマクリシュナ　二十世紀インドを代表する聖人。

＊5　ラマナ　シュリー・ラマナ・マハルシ。二十世紀インドを代表する聖人。

＊6　オーロビンド　オーロビンド・ゴーシュ。二十世紀インドを代表する聖人・独立運動家・学者・詩人。

＊7　ヴィヴェーカーナンダ　二十世紀インドを代表する聖人。ラーマクリシュナ僧院とラーマクリシュナ・ミッションの創設者。世界的人気を博した。

＊8　アリヤバータ　古代の数学者・天文学者。

＊9　ブラフマーンダ　ブラフマーの卵。ブラフマー神は黄金の卵の中で眠っていたが、それを内側から破って、天・空・地を創造したとされる。

3 途方もない啓示

生きていると、多くの疑問が執拗に迫ってきては、私たちの意識の内に入り込み、答えを見つけるようにとの要求をつきつけ、渇望を鎮めてもらうことを求めてくる。私たちは、日常にまぎれて、疑問が湧いてきてもたいていは無視してしまう。限られた人だけがそうした疑問に向き合い、ほんのわずかな人だけがその答えを見つける。私は、すべての問いには必ず答えが与えられると信じている。今すぐには無理でも、やがては答えを得られるだろう。今生で駄目なら、何生か先まで待たなければならないとしても！　問いというものには、どうしても答えがなければならないだろうから。

私にも多くの疑問があったが、そのほとんどに、アマラが生きている間にアマラと共に答えを見つけることができた。死後にもアマラは、残りの疑問を解き明かしてくれた。今でも疑問が湧いてくることがあるが、その時には私は懸命に答えを探す。こうした過程はずっと続いていくのだろう。このようにして私たちは人生に意味を見出し、物語に注を書き足していくのだから。

・・・

やすやすと得られるものは何もない。一年間のサーダナ*（スピリチュアルな修養）のあと、私はこのことをはっきりと理解した。私は自分の瞑想の成果に満足していたわけではないが、それなりの手応えを感じてはいた。また私は、探求の過程では、目的を明確にすることで時間が節約できるということも理解した。

幼い頃から私は、自分でも何とは言えないようなものを探し求めていたが、それがどんなものなのか手がかりすらなかった。私は、本を読み絵を描き、人生が流れていくのをありのままに眺めていた。光を求めて、スピリチュアルなマスターたちの奮闘について書かれた書物を熱心に読んでは、遠くのヒマラヤや洞窟に逃避してスピリチュアルな生活を送りたいというロマンティックな思いにかられることもあった。けれども私には果たすべき責任があり、思いに任せて逃避するわけにはいかなかった。

アマラに出会ったとき、私は絶対的なものだけを求めていたわけではない。お金や家族のことで窮地に立たされていたからである。私は一振りで悩みを消してくれる魔法の杖を求めていた。障害さえなくなれば、書物や映画の中をあてどなく彷徨《さまよ》い続け、市バスに乗っている長い時間のうちに、また孤独のうちに、夢を紡ぎ続けられるだろうから。

窮状が頂点に達したある日、私はアマラに言った。

「もうこれ以上苦しみたくありません。自殺します」

アマラは驚かなかった。彼はすべて知っていたのだ。どのような感情も全く感じさせない声で彼は言った。

「カルマ*（業）からは逃れられません。人生に直面するのです。この肉体は、神から授かった乗り物ですから、壊してはいけません」

彼は、魔法の呪文やマントラ*（真言）を教えてはくれなかった。けれども強力なスピリチュアルなエネルギーを与えてくれたのだろう。家路につく私の心は安定と分別を取り戻していた。そして問題は少しずつ解消していった。ある日アマラと散歩に出かけたとき、きいてみた。

「何か私にしてくださったのですか？」

無言でしばらく歩いたあと、アマラは答えた。

「私たちは、スピリチュアルな成長を遂げたいと心から願っている人のことは必ず助けています。ただ、そのことをあえて言わないことにしているのです。言うと、悩みを抱えた人たちが、スピリチュアルな目覚めではなく援助を求めてやってきてしまいますから」

「でも問題を解決してもらえたら、サーダナを始めやすくなるということもあると思います」

「その路線も試みました。でも皆、次々と新たな悩みを相談してくるばかりで、きりがなかったのです。だからカルマや学習の過程には手を出さないことにしているのです。問題というものは、私たちに何かを教えるために起こるのですから」

「それならば、瞑想が何の役に立つのですか？」

「瞑想は、悩みを解消するためだけにするものではありません。瞑想は、より高い真理へと私たちを導いてくれます。真理への道のりではすべての悩みが消えていくのです。瞑想がカルマを燃やしつくしてくれるからです。何があろうと瞑想を続けることです。あなたの目標は必ず達成されます。究極の自由、ムクティ*（解脱）を得られます」

「私がそれを目標にしているとおっしゃるのですか⁉」

「万人の目標なのです。多くの人はこのことに気づいていません。長い試行錯誤と苦難の末に初めて分かることだからです。私たちは、物や人や思想にまでしがみついてきましたが、自らを解き放ってやらなければなりません。こだわりを捨てて自由になって、まずこの領域から脱し、それから他の領域を漂泊して、最後には私たちの源である神の元へと帰っていくのです。これが最終的な目標、ムクティです」

「帰れば、自由を受け渡すことになるのではないですか？」

「いいえ、いつでも自由にここに戻ってこられます」

「戻ってくる例もあるのですか？」

「ええ、そういうこともあります」

・・・

ある時、初老の男性が指導を求めてアマラを訪ねてきた。この人は百万回を目標に、マントラを何千回も唱えていたのだが、ある晩、恐ろしいことが起きた。眠っているときに突如として暗闇に呑み込まれて、息が詰まって死にそうになったのである。目を開けると激烈な痙攣《けいれん》に襲われ、何が何だか分からなくなってしまった。この人は、なぜそのようなことになったのかを知りたかったのだ。

目に見えない深いところを調べていたのだろうか、アマラはしばし目を閉じてから、説明した。

「あなたが唱えているマントラは、アストラル・トラベルの準備のためのものです。これを唱えると、アストラル体が肉体から離れやすくなるのです。これを何千回も唱えたのでその効力が蓄積したのでしょう。これがあなたのアストラル体を力づくで肉体から離脱させて空中に放り出したのです。どういうわけか、運良くあなたは肉体に戻れましたが、運が悪ければ、外に追い出されたきりだったでしょう」

「でも、素晴らしく効き目のあるマントラだということですね！」

「そうです。けれども、その目的はあまり知られていません。いたずらにマントラを唱えてはいけないのです。マントラは、その効力を理解しているマスターから伝授されるべきものですし、アストラル・トラベルも、きちんとした指導のもとに行われるべきです。ここではリシたちが指導し、監督してくれています。リシたちは肉体から離れるのを助けてくれますし、肉体に戻るのも助けてくれます」

その男性はアマラの話に心を奪われた。彼は、瞑想と基礎的サーダナを始め、のちにはアストラル・トラベルの訓練を受けた。何週間か過ぎたある日、彼は興奮してアマラのところにやってきて、初めてのアストラル・トラベルに成功したことを報告した。

「サレムの近くにある故郷の村に行きたいと思いました。教えていただいたようにしてから眠りにつきました。すると急に村にある親戚の家が見えたのです。壁を突き抜けて家の中に入っていくと、真夜中で、親戚たちが客間に座って結婚のことで話し合っていました。十分くらいそこにいたと思います。その後、いつの間にか体に戻っていました。朝、親戚の話を隅々まで思い出すことができました。その内容が正しいかどうか確かめてみたいと思い、問い合わせの手紙を書いたのですが、いとこが返事をくれて、私の言うことはすべて正しいと請け合って、なぜそんなことを知っているのかときいてきました！」

その男性は、本当に嬉しそうだった。アマラは微笑んで、アストラル・トラベルについてさらに話してくれた。

また、このようなこともあった。ある瞑想の生徒がアマラに、友人が自殺したことを話した。アマラは同情して、その人に次の日に来るように言い、翌日こう語った。

「昨日、ご友人が自殺した現場に行ってみました。ご友人はそこにいました。可哀想なことに、知り合いに話しかけて、なぜ返事をしてもらえないのか訝《いぶ》かっていました。自分が死んでいることに気づいていなかったのです！　彼に状況を話して聞かせると、少しずつ理解してくれましたが、自分が死んでいると分かると、泣き出してしまいました。生きたかったのです。気の毒でした。彼を慰めて、あとからヒマラヤのリシたちのところに連れていきました。リシたちが導いてくれることでしょう」

その生徒がアマラに尋ねた。

「自殺しておきながら、死んだことに気づかないとは、どういうわけでしょう？」

「死後直後の心の状態というのは、想像しにくいものです。こういう形で多くの同じような人たちに会ってきました。まず、死が取り消しようのないものだと理解するのに時間がかかります。次に、死と共に人や財産や場所などとの関係が絶たれてしまったことを受け入れるのに時間がかかります。このあと、しぶしぶではありますが、死んだ人はここを離れていきます。自然死の場合には、高い領域から案内人が死の光線と共にやってきます。この案内人は、死んだ人と一緒に何日間か過ごして、その人を教育し、その後、特定のローカ*（世界）にその人を連れていきますが、その人はここで十分な休息をとります。休息後には検査を受け、カルマを測定されます。そのあとには、担当者がその人の来世について決定を下します。どの地球のどこで、どの家族のもとに生を受け、何歳まで生きるかなどといったことも、この時に決められますが、次に生を受けるのはこの地球とは限りません。それからまた案内人がその人を次に生まれるところに連れていき、子宮まで送り届けます」

「自殺の場合はどうなるのですか？」

「自殺や事故のときには、案内人はやってきません。死んだ人は現場に長いこと留まることになりますが、次第に自分が死んだことが分かってきます。その人たちは定められた寿命が終わって案内人がやってくるときまで、この地球に留まって待つことになります。現場にずっと残ることもあれば、嘆き続けることもあります」

「その人たちは幽霊なのですか?」

「そうです」

「人に危害を加えることはできますか?」

「ええ。でも皆が悪さをするわけではありません。生きていたときと同じようにふるまい続けるからです。生前に危険人物であったのなら、危険な幽霊になるというわけです! 寺院で暮らしている幽霊や洞窟で瞑想している幽霊も見たことがあります。……知られていないことが、まだまだあるのです」

・・・

アマラとの出会いは、大学入学さながらだった。アマラが授業をすることはなかったが、彼と過ごした時間に、私たちは地上の書物には書かれていないような知識を授かり、豊かになった。ある時、彼に尋ねた。

「こうしたことを、他の人たちも知るべきではありませんか?」

アマラは即答した。何度もこのことを詳しく説明した経験があるかのようだった。

「知られることになります、だんだんと。この地球は現在、意識の転換期にあります。リシたちが新しいエネルギーを下ろしてくれているので、新しい脳細胞が目覚め、新しい高度な知識へと、徐々に人間の目が開かれるようになります。すでに準備ができている人たちは、何らかの方法で一足先に新しい時代《ニューエイジ》の知識を獲得するでしょう。世界中に大勢の媒介者《チャネル》がいますし、リシたちのセンターもたくさんありますから」

「新しい時代のことを、もっと教えてください」

「古代の聖典や神秘家たちが、そのことを語っています。ユガ期*（ヒンドゥー教の宇宙観にもとづく時代の単位）――サティヤ・ユガ*（純善期）、トレーター・ユガ*（三分期）、ドゥヴァーパラ・ユガ*（二分期）、カリ・ユガ*（末世期）――についてはよく知られています。これらは循環を繰り返していて、この地球はこれまでのところ二十八巡りしています。一九七四年に二十八回目のサイクルが終わり、三月十四日から、二十九回目のサイクルが始まったので、現在はサティヤ・ユガだということです!*（ユガの計算法には諸説がある。当時は一般的にはカリ・ユガと見なされていた）。サティヤ・ユガは、黄金の時代《ゴールデンエイジ》といわれ、この時代には人は神のように暮らし、純粋で完全な、最高のスピリチュアルな状態に達します」

「でも、今の状況はすさみきっています」

「それはその通りです。どんな変化も、急速には訪れないことを理解しなければなりません。日の出のことを考えてください。まず夜が明けて、それから日が昇るでしょう。移行の時間というものがどうしても必要なのです。たとえばカリ・ユガからサティヤ・ユガへの転回期は、一九七四年以降の四百三十二年間ですから、まだ始まったばかりです。でも、もうすでに微妙な変化が出てきているでしょう。これまで気づかなかったことに気づく人たちが出てきています。意識が目覚め始めているのです。人々は自己の内側に目を向けるようになっていますし、ヨーガ、特に瞑想に関心を持ち始めています。二十一世紀になる頃には、大きな変化があるでしょう」

「戦争が起こるでしょうか?」

「起こります。でも絶対にとは言い切れません。これはアルマゲドン、つまり光の力と闇の力との戦いです。これはアストラル界で起こります。その後、物質界でも起こることになると思います」

「なぜリシたちは、戦争を食い止めようとしないのですか?」

「努力はしています。それでも、リシたちには神の法則を犯すことはできません。もし人が、少なくともほとんどの人が光の道を選び、生き方を正し、カリ・ユガのやり方を改めるならば、戦争は阻止できます。でもそうなる兆しは見られません……。そうなるとリシたちも、あきらめざるをえなくなるのかもしれません」

「そのようなことまでリシの仕事のうちに入っているのですか？」

アマラは微笑むと、小さな子供であるかのように私をじっと見つめて言った。

「そうです。何もかもがリシの仕事です！」

・・・

ある友人が、私や他の友人たちに、大変な超能力がある人だと言って一人のスワミを紹介した。私たちは、スワミが奇跡を行うのを目の当たりにした。彼は、ヴィブーティーや銀の神像などの小物や果物などを物質化して、物質的悩みがある人たちを助けていた。間もなくスワミには取り巻きができ、取り巻きたちはスワミの力を褒《ほ》め称えてその奇跡を物語るバジャンを歌った。

またしても好奇心から、私はスワミに近づいた。どうやってスワミが物質化を行うのかを知りたかったのだ！　スワミは説明してくれたが、本当のことを言ってはいないようだった。アマラにこのことをきいてみると、こう教えてくれた。

「それは物質化ではありません。別の場所から物を取ってきているのです。まず物を集めてきて、それを自分の家に置いておきます。アストラル界の存在、たぶん幽霊がこの人を助けています。物質化して見せたいときには、物を取ってきてくれるよう心の中で霊に頼みます。霊は距離のいかんにかかわらず、数秒で物を取ってくることができますし、霊の手で覆われている物は目には見えませんから、それをスワミが受け取って、虚空から取り出したかのように演出するというわけです！」

「物質化は可能なのですか？」

「ええ、可能です」

「サイババは物質化しているのですか、それとも……？」

アマラはしばらく沈黙してからこう言った。

「分かりません。彼のようなマスターを理解するのは簡単ではありません。それぞれに独自の流儀がありますから。彼を理解するためには、奇跡より踏み込んだところを見てみなければなりません。神の計画という一つのものを補う一部として、彼の仕事を理解することが必要です」

私は以前サイババと関係があったことを話した。

「彼の主な役目は、人をスピリチュアルな道に引き寄せることです。より高いサーダナは、瞑想を通して行うものですから、そのためには瞑想のグループに入る必要があります。サイババは、そうしたグループに人々を導くのです」

・・・

アマラは私にチャクラの瞑想[*1]をさせた。アマラは、チャクラについて余すところなく説明してくれた。彼はチャクラを活性化する方法と、それぞれのチャクラに眠る特別な力を引き出す方法を伝授し、またリシたちが正式に許可するまでは、決してその力を使わないようにと忠告してから、チャクラに潜む特別な力を使う方法も伝授してくれた。リシに連絡を取る方法も教えてくれた。あまりにもたくさんの知識とテクニックだった。私は自分がそれらを授かるのに値するのか、訝しく思った。

「値します」

毎週金曜日のこの上なく貴重な面会時間に、アマラはこう語った。

「あなた方は皆、それらに値するのです。あなた方は自分たちのことを知りませんから、簡単にお話ししておきましょう。一九七四年から七九年の間に私のところに来た人たちは、特別なグループに属しています。五千年前、あなた方は、クリパ[*]（インド神話の登場人物）のアシュラムの年若い一員として、アチャルヤス・クリパとドローナ[*]（クリパの妹と結婚）という先生たちについていました。その頃この二人は、アージュニャ[*]（眉間にある）とサハスラーラ[*]（頭よりやや上にある）の間にあるニランタリという特別なチャクラを活性化する実験をしていました。これは極めて特別なチャクラで、今日でもまだ知られていません。このチャクラを活性化させると、体内時計として機能します。この時計を操作することで時代を進ませることも、若返ることも、長いこと今の年齢のままでいることもできるのです。けれども二人は、突然実験を打ち切らなければならなくなりました。

ドゥルヨーダナ[*2]が誕生したのですが、この時、特別な能力があった二人には、やがてマハーバーラタの戦争[*3]の起こることが予見できました。サプタ・リシは、実験は中止して弟子たちを戦争に備えさせるようにと、彼らに指示しました。それであなた方は戦争について教育を受け、戦争に行って死んだのです。そのあと、あなた方には、特別な地球で五千年休息してもよいという許しが出ました。ある時、ヴィシュヴァミトラ・マハリシが、カリ・ユガからサティヤ・ユガへの移行期に仕事をする有志を募りました。あなた方が名乗り出たので、ヴィシュヴァミトラ・マハリシが特別な地球に連れていって、五千年間訓練をつけたのです。だからここでの訓練では、成果がすぐに表れるというわけです。復習のようなものですから」

信じられなかった！　アマラから聞かされたのでなければ、笑い飛ばしていただろう！名状しがたく心が躍った。けれども、この思いがけない話から受けた衝撃が冷めやらぬうちに、理性と不信の波が信仰の岸辺に打ちつけてきた。束の間ではあったが、私はその葛藤が起こるに任せることしかできなかった。やがて信仰だけが残った。何よりも私は、自分の師は高潔な人だということをよく知っていたからだ。彼は偉大なリシだった。

私の心を読むことができたアマラには、私の内で何が起こっているかが分かっていた。彼は微笑んで話を続けた。

「このような話を聞かされてどんな気持ちになったか、よく分かります。でも慢心しないようにしてください。今世界には、もっと素晴らしい過去を持っている人も大勢いるのです。あなた方は、たまたま過去を知るに至りました。誰にも何も言わずに、人生を整理しなおせばいいのです。もう一つワクワクするような話をしましょう。クリパはチランジーヴィ*（永遠の生命を授かった者）であり、永遠の命を持っていることは周知の通りです。私は肉体の彼に会ったことがあるのです！」

最初の興奮が過ぎると、私たちは皆、途方もない啓示に慣れた。前述したように、そのすべてをここに記すことはできない。師の指示と、神の法則を守らなければならないからである。今私にはアストラル界はもちろん、この領域で起こっていることについても、人は実に多くを全く知らずにいること、人類が高い領域の光の存在《ライト・ビーイング》たちから甚大な援助を受けていることなどが分かっている。

アマラが話した。

「私が高校生だったときのことです。ある日リシたちに、学校に二週間の欠席届を出してからクボン・パーク*（バンガロール市の中心部にある大きな公園）のある場所に行って待つようにと指示されました。私はそこで待ちました。数分もするとイギリス人の男性が車でやってきて、私に名前を尋ねました。名乗ると、彼は私を空港まで連れていきました。彼は、そこに特別に待たせていた飛行機で、私をまずカルカッタに連れていき、それから香港に連れていきましたが、香港では、私を中国人の男性に引き合わせてこう告げました。『この人があなたに付き添って、またここに送り届けてくれます。その時またここに迎えにきますから』。この人は迎えにくる正確な時刻を私に伝えました。

食事と休息のあと、その中国人に付き添われて港に行き、そこから二人で三時間ほど船に乗りました。私を送り届けると彼は、『ここからは別の人が一緒に行きますが、またここに送り届けてくれます。私がまたここに迎えにきます』と言い、迎えにくる日時を告げました。私は岸辺で待っていた人と合流して一緒に歩いていきました。夢を見ているような気持ちでした！　二日近く歩くと草花や大小の木々が生い茂り、綺麗な鳥たちのいる丘にたどり着きました。さらにしばらく歩いていくと、巨大な洞窟がありました。中に入っていくと、向こう側に出口が見えました。洞窟から出たとき、私は自分の目を疑いました！そこには巨大な建物が建ち並び、人々が行き交っていました。若い男性が私たちを出迎えて笑顔で歓迎してくれました。この人もまた、私たちが来ると知っていたのです！

建物の中に招き入れられ、その晩はそこで入浴と食事をすませて休みました。朝には広間に案内されましたが、そこには四十代の威厳のある男性が座っていました。その人は私に笑いかけ、座るよう身振りでうながしました。サンスクリット語で話しかけられましたが、私はサンスクリット語が分からなかったので、私たちはテレパシーで会話しました。この人物こそが、偉大なるクリパだったのです！

クリパは、なぜ私が彼に肉体で会う必要があったかを説明してから、バンガロール近郊で私が将来なすべき仕事と、彼が関わっている他のいくつかの仕事について細かく指南してくれました。それから、大勢の若者たちが典型的なグルクラ*（古代インドの全寮制の学校）方式で勉強をしている場所に案内してくれました。最後に彼は私に別れを述べました。

翌朝私は付き添いの人と一緒に帰途につきました。その人はもと来た道を歩いて引き返して、私を岸まで送り届けてくれました。船と中国人がそこで私を待っていました。そのあとにはイギリス人が香港で待っていました。こうして私はちょうど二週間後に、クボン・パークの全く同じ場所に戻ったというわけです！」

話が終わると急にしばらくの間静かになった。私はアマラに尋ねた。

「クリパは何歳なのですか？」

アマラは答えた。

「何千歳にもなっています」

〔訳注〕
*1 **チャクラ** 「円盤」の意味。円形状にからまった細い脈であるチャクラは、サトル・ボディの中脈上に存在し、六つあるとされる。この脈のからまりを解くとチャクラが活性化して中脈の気の流れが円滑に

なると考えられている。アマラによる定義は「人間のシステムにおけるスピリチュアルなエネルギーの中心」。

＊2 ドゥルヨーダナ インド神話の登場人物。邪悪な人物として描かれている。

＊3 マハーバーラタの戦争 古代インドの叙事詩『マハーバーラタ』の物語の核となるバラタ族の親族間の争いに発する古代の大戦争。

4 ヴィシュヴァミトラの帰還

私のサーダナ*（スピリチュアルな修養）は三年目に入った。一九七九年のことだった。この年のサーダナでは、チャクラの瞑想を続けた。調子がいいときもあれば、悪いときもあった。アマラは、それは昼があり夜があるように自然なことだと言ってくれた。めげずに努力し続けることが大切なのだった。私は瞑想中に、他の人たちのように多くの経験をしなかったが、私がした経験のいくつかは充実したものだった。アマラは、経験の解説をしてくれることもあれば、ただ微笑むだけのこともあった。アマラは皆によくこう言ってきかせた。

「経験でサーダナは測れません。経験をしないからといって心配しなくてもいいのです。心が経験を創り出すこともあるのだということを、覚えておいてください！　経験を追い求めてはいけません。サーダナから脱線してしまいますから」

「サーダナでは何を追求すべきですか？」

「瞑想においては静寂です。静寂の中では、さまざまなレベルでスピリチュアルな変化が自然に生じます。瞑想をしていないときには、あらゆる良い性質を養い、自分の存在のもっとも深いところから神的な愛を引き出すことによって、自らを変容させるべく努力すべきです」

「なぜ、瞑想をそれほど重視されるのですか？」

「瞑想は、サーダナの究極的方法であり、これによって私たちは自分自身で直接に神を経験し、理解できるようになるからです。日常生活に何の役に立つのかなどときかないでください。瞑想によって、人は神に近づきます。神を経験すると、知恵と大きな内的な力がつき、それまでとは別の人間になります。すると普段の生活でも、適切な判断をし、正しい選択をするようになるのです。そうなると人は、内的平和を失うことなしに、どんな問題にも善処し、どんな状況にも直面できるようになります。幸福と平安を得るわけです。これ以上何が必要でしょう？」

「瞑想はタパス*（深く長い瞑想）とは違うのですか？」

「違います。瞑想は自分のためにするものですが、リシ*（インド神話に登場する仙人。超人的な力を持つ）は万人のためにタパスをするのです」

・・・

生徒の数が増えたので、アマラは個人面談ができなくなった。代わって小規模なグループでの面談が行われるようになったが、これには利点もあった。さまざまな人が異なる見地から質問をしたので、より多くのことを知る機会が増えたのだ。最初私は、アマラとの個人的な交流は絶たれてしまうものと思っていたが、そうはならず、彼はいつでも個人的に会ってくれた。また彼は、毎週異なる地域の個人宅を訪問するようになった。その日には、その地域に住む瞑想の生徒たちがそこに集まるのだった。

私たちは集まってバジャン*（聖歌）を一、二曲歌ってからアマラを待った。アマラは定刻にぴたりと現れると、まずリシたちとの共同作業の一つについて話をし、それから参加者の質問に答え、その後全員で瞑想をした。ある時、そのようにして瞑想をしていると、私を呼ぶ声が聞こえた。物理的な声ではなく、テレパシーの声だった。何者かがこう頼んできた――「あなたにやってもらいたい仕事があるのです。私の持っている力をすべてあげましょう。引き受けてくれますか？」。私は動転してしまった。何と答えればよいか分からなかったので、アマラに相談した。彼は、これからもそのような誘いをたびたび受けることになるはずだが取り合わないように、と助言してくれた。

毎週日曜日の午前中には、アマラは瞑想の生徒たちと面会して、瞑想の進展を点検し、誤りを正してくれた。定期的に次のチャクラへのイニシエーションも行われた。宣伝活動はしていなかったが、新しい人たちも瞑想を習いにやってきた。そのほとんどは教育を受けた若者だった。私の計算によれば、私が入門したあと、二千人ほどの生徒が入った。

ある時アマラがこう言ったことを思い出す。「一九七四年までに五千人がムクティ*(解脱)を得ます。その人たちはこの地球に戻ってくる必要はありません。七四年以降にやってくるのは、ここでの仕事に必要とされている人たちです。私たちはまた来世で会うことになります。この仕事は四百年近く、もしくはそれ以上続いていくからです」

誰かが質問した。「私たちはムクティを得られるのでしょうか?」

アマラは面白がっているようにその人を見ながら、こう答えた。

「すでに手に入れたも同然と思ってください。リシたちが手を貸してくれますから、今生で達成できます。ただ私たちは、帰ることはしません。ここに残って神の仕事を続けます。でもこれは強制ではありませんので、好きな道を選ぶことができます」
・
・
・

ある夜の集まりで、アマラはシャンバラのことを話してくれた。

「四つのユガ*（世紀）のサイクルは、およそ五万一千年ですが、これはマハー・ユガ*（大ユガ）と呼ばれています。七十一マハー・ユガが一マヌ期にあたります。各マハー・ユガの終わりには、完全なプララヤ*（帰滅）となり、地球上のすべての生命が消滅します。それから何百万年かが過ぎると、再び生命がアメーバから進化していきます。こうしたことがこの地球が創造されて以来二十億年近く続いてきたのです。これまでのところ六つのマヌ期が過ぎました。つまりここでは六度生命が絶滅して再び振り出しに戻ったということです。

前回のマヌ期には、地球全土が水で覆われて、プララヤを生き残ったのはただ一人でした！ それがマールカンデーヤ・マハリシだったのですが、彼はシヴァ神の恩恵によって永遠の生命を授かりました*（インド神話によれば、マールカンデーヤは極めて長命だった）。彼は山頂の洞窟でタパスを行いました。一万年以上のタパスののち、生命が誕生したかを確かめるために目を覚ましてみると、青い赤ん坊が水に浮いているというヴィジョンが見えました。その赤ん坊は、ヴィシュヌ神であると分かったので、彼は祈りを捧げました。彼は、そのヴィジョンを見た場所に間もなく陸地が浮上してきて生命が生まれることを知らされました。リシは、浮き上がってきた陸地を、青い赤ん坊を意味するシャマ・バラと名づけ、ここを聖地として保存することにしました。それから生命が誕生し、時が流れ、いくつもの陸地が生まれ、文明が成長していきました。リシは、純粋な目覚めた者たちだけをここに連れてきました。ここでリシが生まれることもありました。時と共に、シャマ・バラという言葉は、シャンバラに変わっていきました。

現在は、第七番目のマヌ期ですが、現在のマヌ期に入ってからは、二十八マハー・ユガが過ぎました。つまりシャンバラが誕生してから二十八マハー・ユガが経過したということです。リシたちはシャンバラを時間の影響から自由に保ち、たとえば、カリ・ユガ*（末世期）のように価値観が希薄な、もしくは全くないようなユガの影響から守ってきました。途切れることのない長い歳月に、ここでは最高度の文明が繁栄し、最高度の科学も発達しました。ここの住人たちは、すでに何万年も宇宙船を利用してきたのです。彼らは、永遠の中に生きていて、年を取ることもなければ、死ぬこともありません。ここの生活は、私たちの想像には及ばないほどに発達しています。

シャンバラは、ゴビ砂漠にあります。多くの人がシャンバラの存在に気づいていますが、リシたちがシャンバラを外の世界から封じているので誰も入れないのです。けれども、最高のスピリチュアリティを持つ人ならば、リシたちの許可を得てシャンバラに行くことができます。この道は一方通行なので、多くの人がシャンバラに行ったきり帰ってきませんでした。そういう現代のマスターたちも知っていますが、無用な議論や混乱を招くといけないので名前は伏せておきます。

シャンバラは、マイトレーヤという王が治めています。地球に救世主としてやってくると一部の人が言っているマイトレーヤ[*1]とは別の人で、仏陀ではなく、スーリヤ・ローカ[*2]からやってきた特別な人物です。シャンバラの人たちは、自分で選んだ職業に忙しくしています。スピリチュアルな科学を含む、あらゆる科学分野での研究が不断に進められています。壮麗な建物の最上部に、巨大な金色の蓮の花が据えられていて、この中には特大のルビーが入っていますが、ここには非常に大きな力が宿っています。ここから発せられる波動がシャンバラ全体を満たし、聖なるものにしています。シャンバラの外の人も〈オム・マニ・パドゥメ・フン〉というマントラを唱えると、ここからエネルギーを受け取ることができます。このマントラはチベットでは広く知られています。

シャンバラで培われてきた知識は万人のためのものです。シャンバラの人たちは、自分たちの達成したことを秘密にしておくつもりはありません。けれども外部の人に知識を伝えることもできないでいます。人間がスピリチュアルに荒廃しているためです。私たちは、高度な知識を受け止められる状態ではないので、シャンバラの人たちは、私たちが目覚め、成長するのを待っています。

私は、アストラル体で何度もシャンバラに行き、そこの人たちにも会いました。シャンバラについて知っていることはまだありますが、今はこのくらいで十分でしょう。意味もなくシャンバラについて話したのではありません。サティヤ・ユガ[*]（純善期）に近づいていくと、シャンバラが人類に向けて開かれるときが来るというだけでなく、サティヤ・ユガが進んでいくにつれて、シャンバラの外も次第にシャンバラのようになっていき、シャンバラが広がっていきます。四百年後には地球全体がシャンバラのようになっているかもしれません。サプタ・リシ[*]（神話に登場する七人の代表的なリシ）の指導下にある私たちは、それを実現するために働かなくてはなりませんが、まずはシャンバラを個人として享受できるよう、スピリチュアルに成長することです。それからシャンバラを広めるのです」

・・・

ある時、マハーラーシュトラ州にある聖ジュニャネーシュヴァラ[*3]の霊廟を訪ねた瞑想の生徒が、そのことについて私に話をしていると、アマラが私たち二人をプージャ室[*]（神を祀《まつ》る部屋）に呼んで、その人にこう質問した。

「そこにはエクナート*4の絵がありますが、見ましたか?」

彼は答えた。

「ええ」

「何か気づいたことがありますか?」

彼が熱心に思いめぐらせていると、アマラが奇妙に目を光らせてこう切り出した。

「今度そこに行ったらよく見てみてください。エクナートの顔は私の顔に似ていますから。私はエクナートだったのです!」

突然の思いがけない話に、私たちは圧倒されてしまった。茫然自失の状態から脱すると、なぜアマラはそんな話をしたのか、それも私たちにしたのか不思議に思った。アマラらしくないことだった。彼はリシたちのことばかり話題にし、自分のことはあまり話さなかったからである。

「なぜこんな話をしているのでしょう。たぶん、あなたたちはこのことを知るよう定められているのでしょう。でもまだ他の人には話さないでください」

それから彼は遠い過去を思い出しているかのように、しばらく黙っていた。

「聖ジュニャネーシュヴァラは、偉大なスピリチュアルなマスターでした。ジーヴァサマーディ[*]（生きた人を入れた墓）に入ったときには、まだほんの若者でした。瞑想のために座り、サマーディ[*]（三昧。瞑想における完全な沈黙の状態）に入ると、彼を囲むようにして部屋のようなものが出来上がり、彼は密封状態に置かれました。六百年以上も前のことです。エクナートの生涯について読むと、エクナートがジュニャネーシュヴァラの霊廟に入っていって、ジュニャネーシュヴァラの頭にぶつかっていた木の根を抜くという話が出てきます。私は一九六六年にも同じことをしなければなりませんでした。

ある日マールカンデーヤ・マハリシに、ジュニャネーシュヴァラの頭に触れんばかりに成長して長くなっている根の抜き方を指南されました。言われた通りに私は霊廟に入っていき、不要な根を切り落としました。今考えても驚くべきことですが、この偉大なマスターは、六百年以上も前にそこに座ったときと変わらない若い姿でした。彼は行水をすませてタパスのために腰を下ろしたばかりであるかのように、みずみずしい姿だったのです。部屋も隅々まで綺麗になっていました。アストラル界の生物たちが毎日通って部屋を整えていたのだと思います。ランプが燃えていましたし、描かれたばかりのランゴーリ[*5]もありましたから」

「それほど長いこと座っていながら、どうやって若いままでいられるのですか？」。私はアマラに尋ねた。

「私たちは多くのことに気づかずにいます。物質科学は素晴らしい発展を遂げ、科学の新しい分野も生み出してきました。私たちはスピリチュアルな科学を軽んじてきましたが、これもまた発展を遂げてきましたし、今も発展し続けています。オーロビンドやヨガナンダ[*6]の功績を考えてみてください！　ある手続きをふんでからタパスをするために座ると、何千年もの間当初の体の状態が保たれるのです。そういう状態でタパスを行っている人たちを何人も見ました。

カリ・ユガが始まると、肉体を持ったリシたちの中には、カリ・ユガを生きる代わりに、五千年間のタパスに入る者もいます。これはカリ・ユガのおおよその長さと一致します。彼らはタパスに先立って、ヒマラヤにいる私たちのリシに、どれだけの期間タパスを行うのか通知して、その期間が過ぎたら起こしてくれるように頼んでおきます。目覚ましをかけておくようなものです。タパスをしている間はどんな障害からも守ってもらえ、タパスを終わらせるときには速やかに起こしてもらえるのです。私も何人かのリシを起こすのを手伝ったことがあります。一つの例を簡単にお話ししましょう」

アマラは話を続け、私たちは一言たりとも聞き逃すまいと熱心に耳を傾けた。

「カルナータカ州北部にある寺院でのことです。具体的な場所などはお話しできませんが、それらは重要なことではありません。私は、五千年間タパスを行ったリシを起こすよう指示を受け、肉体でそこまで出かけていきました。寺院は小高い山の上にありました。参拝者はあまりいませんでしたが、その人たちは、そこから何キロか離れた最寄りの村から来ていました。

夕方までに参拝者はいなくなり、そこの司祭が寺院に鍵をかけようとやってきました。この人も一番近くの村の人でした。私はその晩寺院で過ごさせてほしいと、彼に願い入れました。最初、彼は許可してくれませんでした。それからあれこれ質問をしてきました。その寺院が気に入ったので、夜そこで瞑想したいのだといって彼に納得してもらうのには骨が折れましたが、彼は仕方なく許してくれました。

小さな寺院でしたが、敷地の中には大きな池がありました。リシが一人、アストラル体でずっと付き添ってくれていました。二人でそこを司る女神を呼び出して、自分たちの任務を説明してそれを遂行する許しを求めると、女神は祝福してくれました。それから夜中まで待機しました。私はどういうふうに事を運べばよいのか、具体的に何をすればよいのか分からなかったので、リシに頼っていました。リシはその場所についていろいろと詳しく教えてくれました。ある王が夢の中でそこに寺院を建てるようにというお告げを受けて、その通り寺院を建てたらすべての願いが叶えられた話もしてくれました。王はのちに出家して遊行の道に入ったのだそうです。

夜中近くになると、リシに泳げるかときかれたので、『いいえ』と答えました。池に潜らなくてはならなかったので、リシは私を気の毒がっていました。リシの指示に従うしかありませんでした。私は目を閉じて息を止めると池に飛び込みました。リシは私を、まず池の底から反対側まで引っ張っていき、それから引き上げてくれました。間もなく、といってもずいぶん時間がたったように感じられましたが、息もできるようになり目も開けられるようになりました。そこは洞窟の中でした。洞窟全体が薄明りに包まれていましたが、どこから明かりが来ているのかは分かりませんでした。隅のほうに人が座ってタパスをしていました。

リシは無言のうちに私に指示を与えました。もちろんテレパシーによってです。リシは小さな瓶を物質化すると、私に渡しました。瓶の中には油が入っていました。リシに、その人の体に油を塗るように言われたので、細心の注意を込めて油を塗りました。その人は息をしておらず、体も冷たくなっていました。油を塗り終わると、リシは自分が教えたマントラを、そこに座っている人の耳元で囁くようにと指示しました。マントラを囁くと、リシが、急いで池に飛び込むようにと言ったので、飛び込みました。リシが、池の反対側に速やかに連れていってくれ、私は水から上がりました。その直後に池の中で大きな音がしました。爆発でもあったかのような音でした。暗い水が波立っていました。リシは何ら驚いた様子もなく、こう言いました。『今、目覚めました！』

　私はそこで眠りにつきました。朝になると、司祭が外から扉を開けて入ってきました。彼は、すべてが前日の夕方のままなのを見ると安堵していました。私は笑顔でお礼を言い、そこをあとにしました。

　小山を下っていくと、誰か背の高い人が待っているのが見えました。池の底でタパスをしていたリシでした！　どうやって外に出てきたのか不思議でした。彼は私の心に語りかけてきました。『今の王は誰ですか？』と。

　現在は王というものはおらず、民主主義体制であることを伝えましたが、彼には理解できなかったので、分かりやすく説明しました。それから彼は、カーシ[*7]はどちらの方向かと尋ねました。歩いていこうとしていたので、移動のための乗り物があるので歩く必要はないと説明して、お金を渡しました。彼は紙でできたお金を見て面白そうにしていましたが、お金はいらないので歩いていく、と言いました。七フィート（二・一メートル強）のその人が威厳あふれる姿で去っていくのを見ながら、もうこの人と会うことはないだろうと分かりました。さまざまな思いが湧いてくるなか、私は彼の姿が小さくなっていくのを長いことじっと見つめていました」

・・・

私の住んでいた地域では、個人宅での集まりは火曜日に開かれていた。二週続けて欠席した翌週に、その家に出向いたときのことだった。遅刻してしまって急いで駆けつけると、アマラが鍵のかかった家の前に一人で佇《たたず》んでいたので驚いた。その家の人たちは、家で集まりがあることを快く思っておらず、家に鍵をかけて出かけてしまったのだった。彼らは、その日にやってこなかった他の参加者にもその旨を仄《ほの》めかしていた。前週の火曜日にも、家には鍵がかかっていたそうだ。アマラが気の毒で、何と言えばよいのか分からなかった。彼は私に微笑み、気持ちをほぐしてくれるような声で説明してくれた。

「こうした集まりには必ずリシが一人来てくれますが、ほかにもアストラル界からの来訪者が大勢、勉強と瞑想のためにやってきます。彼らに挨拶をして、もうここでは会えないと伝えるために待っているのです。私はいろいろな人に会ってきました。あなたより長く生きていますから。こういうときに腹を立てるのは簡単ですが、そうすべきではありません。これも私たちの仕事のうちなのです。あなたも多くのつらい経験をすることになるでしょう。でも決して辛抱を失ってはいけません。目標を見失ってしまいますから」

いかなる状況にあっても、アマラが動揺したり怒ったりするのを見たことはなかった。失望したことはあっただろうか？ 確かに何度か失望していたことはあった。私たちがアマラの期待したように成長できなかったときのことだ。きっとどんなマスターにもそういうことはあるのだろう。アマラの物事への反応の仕方は、普通とは全くかけ離れた崇高なものだった。

「人生を否定するのはたやすいことですが、人生を愛するのは簡単ではありません。私たちはこの領域の二元性を超えて、人生をもっと高い観点から見なければなりません。良いものも悪いものも、すべては神の表現なのです。どちらも何かしらを教えてくれます。学びは貴重なものであって、障害ではないのです。瞑想だけからすべてを学ぶことはできません。瞑想は可能性を開いてくれるものですが、私たちはまた学び、考え、夢を持たなければなりません。神秘家であり、哲学者であり、詩人であるようでなければならないのです。そうすれば全体を見ることができますし、瞑想と自然と拡張した意識の中で、神を経験することもできます。オーロビンドは、『生のすべてはヨーガである』と言っています。全くもって真理です」

アマラは、ただの瞑想の教師ではなく、グルだった。彼は、マスターであり、そこから弟子たちがいつでも力を汲み出すことができるような力の場でもあった。どんなことでも打ち明けて相談できる親のような存在であり、もっとも適切な指導を与えてくれ、無条件に手を差し伸べてくれる人だった。ある時私は、新婚の友人をアマラのところに連れていった。友人はアマラと二人で一時間を過ごしたあと、満足した明るい顔で部屋から出てきた。アマラは友人の質問を受けて、結婚とセックスについて説明してくれたそうだ。友人はイスラム教徒だったが、瞑想をしたいということだったので、アマラは彼の宗教に適した指示を与え、ウルドゥー語[*8]のマントラまで伝授したのだった！

・・・

各地域での毎週の集会は、大変興味深く意義深いものになっていった。現代生活をめぐるアマラの何気ない言葉は、極めてためになるものだった。私たちは、普通とは異なる観点から人生を見られることを知った。アマラが何気なく口にする将来の出来事は必ず現実になった。政治を話題にすることはなかったが、彼は政治にも精通していた。ある時彼は言った。「インディラ・ガンディーが選挙に負けるかもしれないと言っても、誰も信じないでしょうね」。実際、誰もアマラを信じなかった。けれども彼女は負けたのである！　それからというもの、私たちは彼の言葉を一言一句もらさず心に留めるようにし、驚くべき啓示の数々を得ることになった。

ある時、毎週の集まりでアマラが話してくれた。

「『アストラル界がこの世とどんな関係があるというのですか？』とか『アストラル・トラベルはスピリチュアルな修養なのですか？』といった質問を受けることがあります。こういう質問には答えないことにしています。というのは、こうしたことは予備知識のない人には説明できないからです。でもあなた方なら理解できるでしょう。物質界は、アストラル界の延長です。物事はまずアストラル界で起こり、それから物質界で起こります。選挙だろうと世界戦争だろうと同じです。誕生や結婚、事故や出世も同じです。今アストラル界に出かけていって将来を覗《のぞ》いてくれれば、多くのことを知ることができます。それでも、必ず起こると定まっている運命のようなものはありません。未来に起こるどんなことも、スピリチュアルな力と瞑想によって、変えられるのです。事故も防げますし、世界戦争も阻止できます。

私たちがアストラルな領域で多くの仕事をしているのは、このためなのです。この福祉事業によって、物質界を変えるためです。私たちのリシが、イギリスから独立するためにどれだけ苦労し、どれだけ力を貸してくれたかを知る者はいません！　話せば長くなります。インドが独立を遂げたあと、ヴィシュヴァミトラ・マハリシ*（インド神話に登場する王、のちにリシとなる）はこの国に贈り物をしたいと考えて、一番高い領域に赴いて、強力な力を持ち帰りました。彼はこの力を優れた人、その力を国に代わって受け取り、それを保存することにすべてを捧げてくれるような指導者に渡したいと望んでいました。彼は、当時の指導者の多くに、アストラル界で会ってみましたが、喜んで引き受けてくれるような人はいませんでした。何とも奇妙なことでしたが、その人たちにはもっと優先すべきことがあったのです！　リシは私を使いに出して、天国にも似た特別な地球にいる『マハーバーラタ』の英雄たちに、ここに下りてきてインドに代わってその力をもらってくれるようにと、言付《ことづ》けをしました。悲しいことに、英雄たちもすぐには来たがりませんでした。リシはがっかりしてしまい、空に向けてその力を投げつけたのです。すると、爆弾何百万個分にも匹敵するような規模の爆発が起こりました。私は爆心近くにいたので、アストラル体に怪我をしてしまいました。肉体に戻ると、全身が焼けるような感覚がありました。医者たちにも手のほどこしようがなかったので、ヴィシュヴァミトラ・マハリシがやってきて傷を治してくれました。それから彼は、この銀河系を出ていきましたが、おそらく他の銀河系にタパスに出かけたのでしょう。一九四八年のことでした。それが今、彼が戻ってきているのです！」

途方もない話だった！　私たちは多くの質問を浴びせかけた。アマラはその全部に答えてくれた。次の話を聞いたとき、私たちは胸を躍らせた。

「ヴィシュヴァミトラ・マハリシは、特別な瞑想グループを作りたいと考えています。特別なテクニックと指示を与えてくれますが、その前に特別なマントラによってこのグループに入る人たちにイニシエーションを授けてくれます。私たちは十七年近く前からこの目的のためにあるマントラにエネルギーを入れてきました。グループへの参加を希望する人は、イニシエーションを受けてください。イニシエーションは、リシ自らが行い、明日から一週間続きます」

七百名近くの瞑想の生徒が、この特別なグループへのイニシエーションを受けた。私も初日にイニシエーションを受けた。列に並んで前に進んでいくと、アマラが隅に座っていて、皆に指示を出していた。

「一人ずつプージャ室に入ってください。リシが中に座っています。アストラル体ですから、リシが見える人もいれば見えない人もいるでしょう。クリシュナ像の前に座って、このマントラを一度唱えてください。一度だけですよ。それから立ち上がって部屋を出てきてください。この数秒で十分です。リシがシステムに特別なエネルギーを注入してくれます。これは何生もの間、ずっとあなた方と共にあるでしょう」

当然のことながら、誰もが興奮していた。その部屋に入ったとき、私は懸命にリシを見ようとしたが、リシは見えなかった。けれども確かにその存在が感じられた。アマラから話を聞いていなかったとしても、リシがいたことを感じただろう。極めて力強く畏怖の念を抱かせるような何者かがそこにいることは、どんな人にでも感じられたことだろう。マントラを一度唱えると、エネルギーが閃光のように内に入ってくるのを感じた。アマラの言う通り、数秒で十分だった。私は部屋を出た。あと数秒長くいたら、この世にいることを忘れてしまっただろう。

・・・

私たちは頻繁にアマラを訪ねるようになった。彼は、偉大なるヴィシュヴァミトラ・マハリシの活動について話してくれた。現在ヴィシュヴァミトラ・マハリシは、サプタ・リシの一人ではない。サプタ・リシの成員は、マヌ期ごとに変わるのである。けれども大きな仕事をする際には、サプタ・リシは、常にヴィシュヴァミトラ・マハリシの指示を仰いでそれに従ってきたし、助力を求めることもあった。当時進行中だった特別な仕事の一つは、ヒマラヤにある装置を作動させることだった。

アマラは説明した。

「この装置は、山のように巨大なものです。これは物体ではあるのですが、特別なスピリチュアルな力によってしか作動しないのです。ヴィシュヴァミトラ・マハリシだけがこれを動かせます。この装置は波動を送りますが、この波動は、特定の時代、つまりそのユガにおけるスピリチュアルな生活に適した条件を、万人の心の中に創り出します。これまでこの装置は、カリ・ユガ向けに調整されていましたが、今度はサティヤ・ユガに向けて調整しなおさなければいけません」

瞑想の生徒の一人がきいた。

「この波動が私たちの心と思考に作用しているのならば、選択の自由はどうなるのですか？」

「確かにこの波動は、ある程度私たちに影響します。でも、ある程度だけです。いつでもこの力を克服できます。カリ・ユガには、その波動が私たちをアダルマ*（不正義）に向かわせるかもしれませんから、正しい道を行くのは難しくなることでしょう。瞑想することさえ難しくなるでしょう。リシたちが、ひたすら神の名を唱えるといったような簡単な方法を伝授してくれたのはそのためなのです。とはいえ、感化されないようにすることはできますし、自分の意思で選択することもできます」

そのスピリチュアルな装置を作動させるのは簡単なことではなかった。何度か試運転が行われたが、その時にはリシのワーカーがまず波動を受けた。何人ものワーカーが試運転の際に命を落とし、アマラも心臓発作を起こした。

〔訳注〕

＊1　マイトレーヤ　仏教の菩薩の一人。仏教の終末論によれば、未来に仏陀としてやってきて人々を救済するといわれる。

＊2　スーリヤ・ローカ　スーリヤは太陽の意味。アマラによれば、太陽の内部にあり、スーリヤ神が治めている。

＊3　聖ジュニャネーシュヴァラ　十三世紀の聖人・学者。俗語マラーティー語で、『バガヴァット・ギーター』

の注釈を執筆。土の中に設けられた石室で二十一歳の若さで自ら生きたまま永遠に入定し、今なおそこに、そのままの状態でいると信じられている。

＊4　エクナート　十六世紀の聖人・学者・詩人。ジュニャネーシュヴァラの影響を受け、その著作を編纂。

＊5　ランゴーリ　玄関先や庭などの床面に粉を使って描かれる吉祥文様。

＊6　ヨガナンダ　パラマハンサ・ヨガナンダ。二十世紀を代表する聖人。アメリカで活躍。

＊7　カーシ　古代のカーシ国。ヴァラナシを首都とした。

＊8　ウルドゥー語　インドの公用語の一つ。主にイスラム教徒が使用。

5 「情事」の始まり

一九八〇年のことだった。

アマラは少しずつ心臓発作から快復していった。それでも思い通りに体を動かすことはできず、市内の異なる地域での毎週の集まりにも、以前のようには参加できなくなった。アマラは何人かのボランティアを訓練して、自分に代わってセンターに行ってサット・サンガ*（宗教的実践のための集い）を催してくるようにと指示した。これはアマラから体系的に学び、アマラのメッセージと知恵を人々に伝える、願ってもない好機だった。しかし私たちは、これらの集まりで瞑想の生徒たちに敬意を表されるのには当惑してしまった。このことをアマラに相談すると、彼はこう言った。

「（敬意は、）リシに渡しなさい。あなた方はただの道具であり、リシたちが主人だということを、一瞬たりとも忘れてはいけません」

彼は、会合中にリシたちに連絡を取る方法も教えてくれた。リシたちが私たちを通して、質問に答えたり知識を伝えたりしてくれるのである。これは私たち皆にとって素晴らしい経験だった。私たちは、自分が知らないことについての質問に答え、自分でも理解していないことについて説明したのだから。そのたびに私たちは、小さな子供のように胸を高鳴らせてアマラに報告に行った。アマラも喜んでくれた。彼は私たちにこう言った。

「いつか、あなた方にも、リシのように自分自身の力で輝いてほしいのです。でもエゴのためにそれが難しくなるかもしれません。気をつけてください！」

今振り返ってみると、この言葉はその後の展開をよく言い当てていた。私たちの敵は自分自身のエゴであり、これはどんな高みからも私たちを引き下ろし、長年かけて培ってきたものすべてを台無しにしてしまうのである。

・・・

ある時アマラが不思議な話を聞かせてくれた。

「先週来訪者がありました。とても背の高い美男子で外国の人でした。この人は、バンガロール近郊にグルクラ*（古代インドの全寮制の学校）を建てたいという話をもちかけてきました。私はここから二十キロほど離れたところに土地を持っているのですが、どういうわけかこの人はそのことを詳しく知っていて、そこに大きな建物を建てたいということでした。もちろんその資金も提供するというのです。計画はとても魅力的なものでした。五十人から六十人の生徒が寝泊まりできるような建物を十二棟建てて、それぞれに大きな校庭をつけます。グルクラには十二歳で入学し、一年間住み込んで、スピリチュアルな科学と現代科学の両方、芸術、哲学、瞑想、武術を勉強します。各建物に一人のマスターがついて監督し、その弟子たちが補佐に当たります。ここに入学した少年は、さまざまな分野に精通した青年として卒業し、社会のどんなところにも適応できる理想的な市民となります。

聞き惚れてしまうような話でした。彼は私たちの協力を望んでいました。その人は、またのちほどお会いしましょう、と言って出て行ったのですが、その時、奇妙なことに私はそこでそのまま一瞬ぼうっとなってしまいました。それから見送りをしなくてはと思って急いで外に出たのですが、もうその人の姿は見えませんでした。実に不思議でした。その時私は、その人が部屋に入ってきたときにも部屋から出ていったときにも、扉は閉まっていたことに気づいたのです。彼はアストラル体でやってきて、ここで肉体化したに違いありませんでした。誰だったのだろうと考えてみましたが、分かりませんでした。夜、このことをマールカンデーヤ・マハリシに報告して、この人についてきいてみようと思いました。それがその晩ヒマラヤに行ってみると、その人がリシの隣に座っていてリシと話をしていたのです！　彼は私に微笑みかけました。それから、マールカンデーヤ・マハリシがその人を紹介してくれました。この人が誰であったかは、お話できません。けれども皆さんもこの素晴らしい計画のために働くつもりでいてください。皆さんの準備が整ったとき、その人はやってくるでしょう」

・・・

私は、サーダナ*（スピリチュアルな修養）では、チャクラの瞑想からサマーディ*（三昧。瞑想における完全な沈黙の状態）の入門段階に移行した。サマーディを経験するためには、何生ものサーダナが必要だとされている。それなのに私たちは、早くもその入口に立っていたのだ！　本から学んだ知識はもう役に立たなかった。アマラが言った。

「ここからは完全なる静寂のみです。すべてを神に委ねることです。そうすることによって初めて意識を拡張できるのです。どんな限界をも超えていけます。あなた方次第です。ここからが本当のサーダナです」

・・・

私の人生は平坦ではなかった。何事も全く思うように進まず、崇高な目標と揺るぎない理想も虚《むな》しく、私は泥沼にはまり込んでしまった。私の善良さを理解してくれるだろうと信じて疑わなかった周りの人たちも、私から離れていき、気遣ってもくれなくなった。また私は、どんな人でも挫《くじ》けて打ちひしがれてしまうほどの経済的困難にも見舞われた。瞑想だけが、私を生かし希望を与えてくれた。

ある時、リシがアストラル体でやってきて、なぜ私がこのように極めて過酷な状況に見舞われなければならなかったかを話してくれた。リシはまた、私の問題はさらに深刻になるだろうと警告した。リシによれば私は、ある非凡な仕事をするために、最後にはすべての人に背を向けられるという困難なサーダナの道と運命を選んだのだということだった。それで私は赤貧と恥辱のカルマの道を行かねばならなかったのだった。この話は私を慰め勇気づけてはくれたが、私は引き続き次々と失敗を重ねていき、一人臍《ほぞ》をかんだ。八方塞がりの状態だった。

アマラは私の状態をよく知っていた。私の苦境を話題にすることも助言してくれることもなかったが、アマラは他の人たちのように、悪いのは私だとは言わなかった。彼は静かに事の成り行きを見守っていた。

私は瞑想の時間を長くした。

・・・

ある時、アメリカ人の女性がアマラを訪ねてきた。類い希な超能力によって、人の過去や未来が分かるという人だった。彼女がその能力を披露すると、皆が沸き立った。その人は、帰る間際に最後にアマラに注意を向けた。何と言うのだろうかと、私たちは興味津々だった。長いことたってから、彼女は目を開けて言った。

「どうしたことでしょう！　あなたのことは探れません！　ヴィジョンが二つ見えただけでした。ある前世で、あなたには両手がありませんでした。切り落とされたのです。別の前世では、あなたはどこか別の国の王でした」

その言葉を聞いたアマラは、何も言わずにただ微笑んだ。彼女が去ってから、私たちは二つのヴィジョンのことを教えてくれるようアマラにせがんだ。彼はあまり乗り気ではなく、こう言った。

「こういう話は面白いかもしれませんが、ためにはなりません。今どういう人間であるかが大切なのですから」

私たちは食い下がった。アマラは、私たちが甘えて頼むのにはあらがえなかった。彼は、口外しないようにと注意してから教えてくれた。最初の前世はゴーラ・クムバール*1で、次のものはラムセス二世だということだった。

私たちは驚きのあまり言葉を失ってしまった。そしてそれぞれがその静けさの中で、明かされることのないだろう多くのことに思いを馳せていた。

・・・

アマラは、バンガロール市から北東二十キロメートル離れたところに、五十エーカー（約二十万二千三百四十三平方メートル）の土地を持っていた。彼は、ここをブラフマ・ローカ*2の街の一つにちなんで、マノヴァティと呼んでいた。ここには素晴らしい来歴があった。

六十年以上前、アマラが十代だった頃、近くの小山に行って二十四日間タパス*（深く長い瞑想）をするようにとリシに言われたことがあった。その小山には、寺院のような格好の石造りの小さな建物があったので、彼はタパスの間そこで寝泊まりしていた。彼は、毎日真夜中になると金色の丸い光が空からある場所に下りてきて、夜明け前に空に戻っていくことに気がついた。不思議な美しい光景だった。好奇心にかられたアマラは、ある晩光が下り立った場所に行ってみたが光は見当たらなかったので、地中に入ったのではないかと考え、その場所に印《しるし》をつけてから引き返した。その場所にセンターを開くことにしたと、アマラはタパスを終えたときリシたちに告げられた。将来の仕事にふさわしい場所にするために、リシたちが特別なエネルギーをそこに毎晩下ろしていたことも、あとになって知らされた。このようにして、その場所のあった半径一キロメートルほどの一帯の準備が整えられた。

リシたちは、アマラにその土地を購入するよう指示した。彼は手を尽くしたが、二十五年近くもの間、土地を手に入れることはできなかった。それでも、彼はあきらめなかった。土地を購入してから、さらに二十五年以上の歳月が過ぎたとき、彼はそこに小さな家を建てた。おそらく、あえて開拓せずに放置していたのだろう。ともかく土地はやせて無人のままだった。アマラ夫人が一カ月に一度、医師たちに来てもらってそこで診療所を開いていたので、アマラの生徒の中には、医療の手伝いを始めた者もいた。こうして、この土地と私たちの情事が始まった。

初めてマノヴァティを訪ねたとき、私は辺りに漂う穏やかさと静寂に心をとらえられた。そしてそこに住むことができればどんなに素晴らしいだろうかと思いをめぐらせた。

・・・

一九八〇年二月十六日は完全日食だった。アマラは日食の時間に集団瞑想を行うために、瞑想の生徒たちをマノヴァティに招いた。それ以外にも七百人以上の人たちが、自主的にやってきた。巨大なテントがいくつか組み立てられ、市内から運送されるよう手配された。アマラは、日食の期間のための特別な瞑想のやり方を教えてくれた。日食時間は長く、四時間にも及んだが、その間中私たちは瞑想し、そのように長いこと座っているのに慣れていない体を伸ばすために、何度か短い休憩時間を取った。この休憩時間に何人かの人が、亡くなった両親のためにタルパナ*（祖霊のために行う儀式）をしたいと言いだした。私はアマラの言葉を正確に記憶していた。

「神の国を求める人は、ここで瞑想してください」

多くの人がそこに残った。けれどもタルパナのために急いでどこかへ行ってしまった人たちもいた。あとになってアマラが教えてくれたところによれば、その日食は五万一千年に一度のスピリチュアルな好機だったので、その日の瞑想によって、私たちは両親と祖父母全員を、あらゆるカルマ*（業）から解き放つことができたのだそうだ！　またアマラは、リシたちが取りかかっている大きなスピリチュアルな仕事の話もしてくれた。

「昨年、リシたちは大規模なヤジュニャ*（祭式）を行いました。これは、地球上のすべての人に、内なるスピリチュアルな種子の発芽を促す、特別なエネルギーを注入するためでしたが、この種子は、イエスが約束した神の国を内に孕《はら》んでいて、すべての人を、新しい時代、サティヤ・ユガ*（純善期）に向けてゆっくりと調整してくれるのです。リシたちは、スーリヤ・ローカの地球を（ヤジュニャを行う場所に）選び、何千人ものリシをさまざまな地球や銀河系から集めました。ヴィシュヴァミトラ・マハリシは、ヴィシュワデーヴァという非常に立派なリシを探しに出かけました。ヤジュニャの特別な手続きを知る、唯一のリシだったからです。神的領域にある、極めて遠くの銀河系で見つかった彼は、喜んでヤジュニャに参加してくれました。

ヤジュニャが終わりに近づいた頃、神々たちにも手伝ってもらえることになりました。月食のときにプールナーティ*（儀式の終わりに行われる供儀）が捧げられると、ヤジュニャ・クンダ*（ヤジュニャを行う台座）から非常に大きな力が沸き上がってきました。これはもう一つの太陽さながらでした。リシたちはこれを闇で包むと、ゆっくりと私たちの地球のそばまで運んできました。そして細心の注意を込めてそのエネルギーを放つと、この地球上のすべての人が深奥でそれを受納しました。それからリシたちは、その力を持ち帰って元の領域に放ちました。瞑想をした人たちは、特に多くのエネルギーを得ることができたのです。私たちだけが瞑想していたわけではありません。世界の他の場所でも、多くの個人やグループが瞑想していました。多くの人たちが詳細まではともかく、この機会の重要さを認識していたということです」

マドライの人たちは、月食のあと、白い光に縁取られた黄金の光が空に浮かんでいるのを目撃した。このことは新聞でも報道されたし、バンガロールの街への帰り道で私も光の玉を見た。私たちがこのことをアマラに報告し、光はリシたちが運んできた力だったのかと尋ねると、「そうです」という答えが返ってきた。

その日、ある人が写真撮影をしたいといって訪ねてきた。彼が許可を求めると、アマラは承諾したが、自分の写真は撮らないようにと注意した。仕事熱心が昂じて、その人はその言葉を無視してアマラの写真を何枚か撮ってしまった。けれども写真を現像してみると、アマラを写したものだけが空白でほかは綺麗に写っていたそうだ。アマラは微笑んで黙っていた。

・　・　・

私は無理をして自分を変えようとはしなかった。けれども、新たなる始まりが内に感じられた。そこには平安と希望と自信があった。

私は相変わらずよく読書をしていた。絵はやめたきりになっていたが、芸術の動きには通じていた。私は自分の著作と絵を注意深く保存していた。ある日、アマラにこう質問した。

「プララヤ[*]（帰滅）にはすべてが消えてしまうのでしょうか？」

私は自分の著作や絵のことを考えていたのだ！

「ほとんどのものは消えます」

「芸術や文学も消えるのですか？　シェイクスピアやカーリダーサ[*3]はどうなるのですか？」

「時間と共にすべては消えます。けれどもより良いものが新たに生まれてきます。新しいヴェーダが書かれるでしょう。新しい陸地、新しい山河ができ、人類は輝かしい高みに昇ります。戦争も病もなくなり、暴力もなくなります。偉大な文明が築かれるでしょう。より優れた芸術、より優れた文学が出てきます。今の時点ではまだ新しい時代《ニューエイジ》について知るすべはありませんが、今とは全く異なる世界になることでしょう。そこは真の神の国で、そこではそれぞれの人が内なる神の栄光に輝くのです」

私の著作、私の絵……！　それらは時間という巨大な大海に浮かんだ紙の小船にすぎなかった。

ある日私は、絵の具と絵筆をまとめて子供にあげてしまった。その子はそこかしこを絵の具で塗りたくった。自分の書いたものも燃やした。いい気持ちはしなかった。それでも後悔はしなかった。

私はもっと瞑想したかった。そして成長してアマラに近づきたかった。

・・・

アマラが引越をした。ある日、アマラが新居の前に少し心配そうな様子で座っていた。どうしたのかと尋ねると、彼は言った。

「神々を待っているのです」

私が当惑していると、彼はすぐにそのことに気づいて、詳しい話を聞かせてくれた。

「これまでの家から、神像を移動したのです。けれども像に宿っていた力のほうは、これから移動させないといけません。エネルギーは時間と共に地中に沈んでいきます。ですから、まずエネルギーを上昇させておき、それから移動するのです。それで時間がかかっているのです」

それでアマラの心配の理由が分かった。私の心配の種なら列挙にいとまがない――タイヤがパンクした、朝食が遅くなった、霧雨で足止めをくらった、ボタンがなくなった、バスに遅れた……。

アマラがそのように心配していたのは、あとにも先にもこの時だけだった。

・・・

アマラが偉大だったのは、アストラル界での業績やアストラル界との繋がりのためだけではなかった。彼は、すべてのリシがそうであるように、神という源から直接集めた知識によって真理を語ることができた。リシたちは、真理を直接認識できることで知られている。アマラは現代のリシだった。その服装や言葉使いやライフ・スタイルこそ現代的なものだったが、だからこそ彼は、私たちと容易に心を通わせることができたのかもしれない。彼は古代の真理を科学的に説明し、私たちが日常生活で活用できるものにしてくれた。ヴェーダやウパニシャッドの真理は、もはや図書館を飾っている美しく製本された書物の中の不可解な学術的言葉の内に留まるものではなくなった。それらは、人間を導いてくれる光という生きたものとなったのだ。私たちはどんな疑問でもアマラに相談できたし、彼はそれを極めて明快で平易な言葉で解明してくれた。

ある時、教養と鋭い知性とを備えたオーストラリアの人が訪ねてきた。次から次へと浴びせかけた質問のすべてにアマラが答えたので、その人は仰天してしまった。どうしてそれほど博識なのかときかれると、アマラはこう答えた。

「私が知っているわけではありません。私はリシたちと交流があるので、答えを教えてもらえるのです。リシたちはすべてを知っています。マスターですから」

私は何人ものスワミ[*]（僧侶）やヨーギ[*]（ヨーガ行者）に会ってきたが、そのほとんどには、まるで説得力がなかった。

宗教的指導者たちは、始祖たちが想像もしなかったような、独自の迷信や慣習にとらわれていて、彼らから期待できるものといえば、長い説教や、さらに長い儀式だけである。彼らは、複雑でせわしない現代世界で、人々をスピリチュアルに指導する術を持っていない。アマラは太陽のようだった。私たちは彼の光の中で人生の真理を知り、理解することができた。アマラと出会っていなかったら、ドーティー[*4]は瞑想の必需品ではなく、パジャマ[*]（伝統的なズボン）で瞑想することもできるのだと知ることはなかっただろう。

最近私は、あるサンニヤーシン[*]（行者）とのとても興味深い出会いを経験した。私はある場所で瞑想教室を開きたいと思い、会場の責任者から許可を取り付けた。たまたまそこを来訪していたサンニヤーシンが、瞑想教室が開かれるのなら参加しようと考えて、その場に残っていた。彼は魅力的な経歴の持ち主だった。出家するまではコンピュータ関係の仕事についていた。ロシア語とサンスクリット語もできた彼は、インドの聖典研究をしてから、大きな寺院の最高指導者のイニシエーションを受けてサンニヤーシンになったということだった。教室に参加する前に私のことを知っておきたいと考えたその人は、私の姿を見て幻滅したのだろう。叫びださんばかりの剣幕でこう言ったのだった。

「なぜドーティーを着ていないのですか？　そんな格好でどうやって瞑想を教えるというのですか？」

私はクルタ[*5]とパジャマといういでたちだった。私は、ドーティーではスクーターに乗るのに不便なので、と説明したが、その人は納得せず、その格好はわれわれの文化に反すると主張した。彼の義憤に立ち向かうことはできず、私は瞑想教室を断念するはめになってしまった！　この人がシャツとズボン姿のアマラに出会っていたら、どんな反応を示していただろうか！

・　・　・

ナンディー丘[*]（バンガロール郊外にある観光名所）の近くの絵のように美しい土地に、小さな建物がある。かつてそこはアシュラムだった。ある時、そこでヤジュニャを行おうとした人たちがいた。アマラが止めたにもかかわらず、主催者たちは耳を貸さずにヤジュニャを決行した。アマラは私に、関係者に問題が起こるだろうと話した。このヤジュニャに関わっていた政治的指導者が失脚することになったが、アマラによれば、これはヤジュニャの悪影響によるものだった。私はこれらの話には関心がなかったが、現場に出向いたとき、とても興味深いことが起きた。

ナンディー丘の隣の丘には洞窟があり、リシがそこでタパスをしているという噂だった。村人たちもその話を知っていて、一人の村人が、背の高い髭をはやした人が洞窟から出てくるのを、数人の牛飼いの少年たちがしばらく前に目撃したことを教えてくれた。牛飼いの一人が、その人が狂人だと思って石を投げつけたところ、石はその人に当たると花に変わって地に落ちた。その人は笑顔で少年たちを呼び寄せると、見たことのない果物をくれた。しばらくすると彼は洞窟の中に戻っていった。

アマラはこの人と知り合いだった！　この人には数回会ったことがある、と私たちに話してくれた。マハーバーラタ時代の人で、特別な目的のためにそこでタパスをしていて、リシのプララヤの仕事を手伝いたいと思っているのだという。私たちは、できることなら洞窟まで行ってその人に会ってみたかった。アマラがこのリシにテレパシーでその旨を伝えたところ洞窟で瞑想をするのは構わないが自分は姿を見せるつもりはない、という返事が返ってきた。

友人が、アマラに質問した。

「タパスをしている人の心に、どうやって語りかけられるのですか?」

アマラは説明した。

「意識の別のレベルに語りかけたのです。可能なことなのです」

私たちは洞窟に向かって丘を登っていった。洞窟は小さなものだった。私たちは輪になって座り、瞑想を始めた。数分後に私は、リシが姿を現して輪の中央に立ち、微笑を浮かべて皆を見ているのに気がついた。私を見て、彼は声なき声で語りかけてきた。

「興奮しないでください。私たちが会うのはこれが初めてではありません。また会うことになります。私はずっと昔からあなたの先生を知っています。彼は実に偉大なマスターです。彼の薫陶を受けられてあなたは幸運です。神があなたを祝福してくださいますように」

そして彼は消えてしまった。私たちはしばらく瞑想を続けたが、瞑想のあと、驚くべきことを知った。全員が同じヴィジョンを見ていたのである。全員が同時にリシの姿を目撃し、同時にリシの話を聞いたのだった。私たちはこのことをアマラに報告した。いつものようにアマラはただ微笑んだ。アマラはすべてを知っていたのだ!

・・・

ある日アマラは、その週に参加したアストラル界での仕事の話をしてくれた。別の銀河系に出向いて、そこの地球に住んでいるあるリシに、ヒマラヤに来てくれるように頼むというのがアマラの任務だった。彼は、そこにアストラル体で出かけていったのだが、別の銀河系へ旅をするのはいつも素晴らしいものだと語った。いくつもの星やいくつもの地球を猛スピードで通り過ぎていき、遠くから私たちの銀河系を眺めて感嘆する。

私たちは、どうやって意図した地球に行けるのか、どうやってそこを見分けるのかと質問した。彼は、それは自分にとっては難しくないのだと答えた。アマラは、アストラル体用の道案内装置をいくつか身につけていた。リシたちの元にいるワーカーは全員、多くの装置を装着させられるのである。彼はまた、目的地に直行する特別な技法も習得していた。

アマラはそのリシのところに出かけていった。到着したとき、リシは誰かと話している最中だったが、自分の小屋に入ってきたアマラを見ると、微笑みかけて座るようにと身振りで促した。

「その地球では、人間は肉体を持っておらず、アストラル体で暮らしていますから、この地球と違って、誕生も死もありません」

「その地球は私たちの地球と似ていましたか?」

「ええ。でもそこではすべてがアストラル体でした。山も鳥もアストラル体なのです。もっと不思議な地球もいくつもありました。自己発光性の地球では、中心から発光していたのですが、海中では大きな魚が海底からの光に照らされていて綺麗でした」

アマラがそのリシに、ヒマラヤのマールカンデーヤ・マハリシの言葉を伝えると、今は忙しいので翌日来てほしいと頼まれた。翌日そこに戻り、リシをヒマラヤまで送っていったところ、マールカンデーヤ・マハリシがそのリシに、イタリアからある装置を回収するのを手伝ってほしいと頼んだので、アマラは、再びリシに付き添ってイタリアに出かけた。かつてソドムとゴモラの二都市があった場所で、二人は地底に潜っていった。リシは一時間以上かけて装置を探し出した。このリシは、名をダヌヴァンタリ[*6]といい、ギリシャ人には、治療の神アスクーレピオスとして知られていた。彼はこの装置のことを知っていた。人々が、罪深い生き方に対する神の警告に耳を貸さなかったとき、ソドムとゴモラを爆破するのに用いられた装置だった。

その装置を、マールカンデーヤ・マハリシに渡したのち、ダヌヴァンタリは、この地球で何日か過ごしてから、もとの地球に帰っていった。マールカンデーヤ・マハリシは、この装置をカルキ神に譲渡した。

カルキ神！　私たちはもっとカルキ神のことを知りたかった。アマラは大まかな話を聞かせてくれた。

「カルキ神は、一九二四年にシャンバラで誕生し、他のアヴァターラ[*7]たちと同じように教育と訓練を受けました。彼は二十四歳のままですが、それはシャンバラの人たちがそれ以上年を取らないからです。私たちのリシは、のちにプララヤの破壊の局面に入ったときに使うようにと、カルキ神にさらなる力と装置を献上しました。人間に審判と罰を下すと言われているのは、カルキ神なのです。彼は、サプタ・リシの指示を待ってこの任務に着手します。サプタ・リシは、新しい時代に必要なものを人類が身につけているかを常に観察して、カルキ神に報告しています。もし人類が期待に沿えるよう成長しなければ、カルキ神は任務にとりかかる前に、テレビやラジオのようなマス・コミュニケーションのシステムを用いて、地球上のすべての人に、何度かにわたって呼びかけることになります。それから、アダルマ[*]（不正義）とそれにしがみついてきた人たちを、この地球上から一掃します」

「私たちもカルキ神に会えるでしょうか？」

「ええ」

「いつですか?」

「いつとは言えません。まず会えるような状態になっておくことです」

「どうやってですか?」

「瞑想をし、生活をスピリチュアルなものにすることによってです」

〔訳注〕

＊1　**ゴーラ・クムバール**　伝説上の聖者。自らの腕をのこぎりで切り落としたが、のちに恩寵によって回復された。

＊2　**ブラフマ・ローカ**　アマラによれば、創造的エネルギーの領域で「神的コスモス」に属する。

＊3　**カーリダーサ**　古代インド最大の詩人・劇作家。

＊4　**ドーティー**　伝統的な腰布。保守的なヒンドゥー教寺院に立ち入る際には、男性は、ドーティーの着用を義務づけられることがある。

＊5　**クルタ**　伝統的なシャツ。ゆったりとしていて丈が長く襟がない。

＊6　**ダヌヴァンタリ**　インド神話に登場する神々の医者。アーユル・ヴェーダの創始者。

＊7　**アヴァターラ**　人間を救うために、仮に人間や動物の姿をとって地上に降臨した神格。

6 五万一千年前に始められた仕事

一九八一年のことだった。

私はサーダナ*（スピリチュアルな修養）を続けていた。長い瞑想の時間のわずかの間、完全な沈黙を経験することがあった。その沈黙の中にあってさえ思考は続いていた。そして自分の思考が続いていることも、周りで起こっているさまざまなことも、通常通り意識していた。それでいて、すべてが別のレベルで起こっているかのような感覚があった。いわば、私はそれらの影響から自由で独立しているのだった。アマラはこう説明してくれた。

「これはサマーディ*（三昧。瞑想における完全な沈黙の状態）の、サヴィカルパ・サマーディ*（有種子三昧）の始まりです。ここでは二つの異なるものを感知することになります。つまりあなた自身と、あなたの周りの世界という。成長するにつれてそれらを超出していき、自らの神的本質と、周りの世界の神聖さとを感じ取れるようになります。意識の拡大と共に、ただ感知するだけという状態から、実際に自らの内なる神性と一体化していき、自分を取り囲む世界の神性とも深いレベルで繋がるようになっていきます。サマーディのこの段階を、ドヴァイタと言っていいでしょう。ドヴァイタは〈二〉という意味です。アドヴァイタは〈二ではなく一（不二）〉という意味で、これはドヴァイタの次の段階です。ここでは自分と神とを感知することはなくなり、ただ全存在を一つのものとして感じます。これが〈我はブラフマンなり〉*（インド哲学の代表的文言）という状態です。あなたは神です。これがニルヴィカルパ・サマーディ*（無種子三昧）の状態ですが、真のヨーガが始まるのはここからです」

「私は今生でニルヴィカルパ・サマーディに到達できるでしょうか？」

「できます。でもこれを簡単なことだと思わないでください。前世でサーダナに熟達していたあなたにとっては簡単だというだけなのですから」

「人は、今生で成し遂げたことを、来世に持ち越すということですか？」

「そうです。神童のことを考えてみてください。その子たちは前世で何かを達成していたのです。現在の人類には解明できない何らかの理由から、神童の脳細胞は生まれ変わってからも前世で達成したことの記憶に開かれているのです。それで子供でありながら、音楽のラーガ*（インド古典音楽の旋法）が分かったり、絵を描いたりするのです」

「脳細胞が閉ざされている人たちの、過去生での達成はどうなるのですか？」

「その人たちは、早くから才能を発揮することはないかもしれません。けれども内なる衝動がありますから、きっかけを得て、適切な時期に前世での関心を追求するようになります」

「そういった記憶は、どこに残っているのですか？」

「心《マインド》です。心は大きな貯蔵庫です。記憶、エネルギー、カルマの記録などを貯蔵するためのいくつかの部屋があります」

「それならばなぜ、私たちは今生の記憶としか繋がることができないのでしょうか？」

「私たちのためなのです。過去の記憶は現在の生活を妨げ、かき乱してしまいます。だから記憶は閉ざされているのです。けれども超能力を持った人たちは、思い出すことができます。この人たちは、ノストラダムスのように未来を見通すこともできます。リシたちには、私たちの過去生をいくつでも見ることができますし、何千年先の未来でも見ることができます」

「過去はすでに起こったことですから、見ることもできるかもしれませんが、未来はこれから起こることです。それをどうやって見るのですか?」

「実は、未来もすでに起こったことなのです! 今このことを説明するのは困難です。時間とは川のようなものです。今という時間から、未来を見られるのです」

「未来がすでに起こったことであるのならば、苦労したり計画をたてたりすることに何の意義があるのですか?」

「苦労することのなかには、スピリチュアルな進化を促す教訓があります。だから未来は閉ざされているのです」

「もし今教訓を汲むことができれば、未来はどうなりますか? やはり同じ未来を生きることになるのですか?」

「なりません。その時には未来は変わります。ある道から別の道に移るようなものです。だからスピリチュアルになることがとても大切なのです。そうすれば未来を変え、運命を変えることができますから」

「私の運命はどんなものですか?」

アマラは微笑んだ。黄金色のオーラがアマラを取り巻いていた。

「あなたの運命は、リシたちと共にあります」

・・・

ある日、映画館で映画を見ていたときのことだった。突然閃光が走った。リシたちがテレパシーで交信してきたのだ。私は隣に座っていた妻に、「リシからメッセージが来た。仕事を手伝ってほしいそうだ。私たちは別れて暮らすことになるかもしれない」と囁いた。妻はこちらに向きなおると、暗がりの中で私を見つめ、一瞬の間のあと「酔っているんですか!」と囁き返した。

・・・

一九八一年四月、仲間たちの間で、将来の活動のために資金を集めようと音楽会を催す計画が持ち上がった。アマラはこれを許可してくれ、スタッフの打ち合わせにも顔を出してくれたが、傍観していただけだった。彼はこう言った。「私は、ただ立ち会うだけにします。皆さんのやり方を見たいのです」

多すぎるほどの意見が飛び交っていたが、私は静観していた。

当日、私たちは舞台の飾りつけをし、準備を整えていた。あちこちで混乱が起きていた。その時、閃光が走った。誰かが、あることをするようにと、私に語りかけていた。内気な性格を脇に置いて私は立ち上がり、スタッフ全員を呼び寄せて、各自が何をすべきかを明確に指示した。私は自分の大胆さに驚いたが、会は成功した。

会のあと、成功を祝おうと皆で音楽ホールの芝生に集まった。そこで再び閃光が走った。今度はもっとはっきりしたものだった。マールカンデーヤ・マハリシが、テレパシーで私に立ち上がって話すように指示していた。私は一瞬ためらっただけだった。私は立ち上がり、スタッフの小さな集まりに語りかけ、私たちの仕事には組織力が必要であり、そのためには結束しなければならない、と訴え、またそうすることがいかに効率的かを話した。拍手と賞賛の声が起こった。

・・・

五月の一週目に、アマラは、マノヴァティにアシュラムを開設することを発表し、ボランティアたちの中から、アシュラムに加わる人員を募った。私は志願したかった。家族に相談したが、当然のことながら賛成してはもらえなかった。アマラにも相談したが、彼も二つ返事では賛成してくれなかった。私はその意味を熟慮してからいくつかの可能性を検討し、中央政府での仕事を辞職し、別居して家族を扶養することにした、とアマラに報告した。彼は、困ったときにはどんな助力も惜しまないと言ってくれた。彼はまたこうも言った。

「ここは伝統的アシュラムとは違ったものになりますから、あなたもサンニヤーシン*（行者）になるわけではありません。毎週家族のもとを訪ねていって、世話を焼いてくることもできます。家族と一緒のときにはアシュラムのことは忘れ、アシュラムでは家族のことは忘れることです。マノヴァティで暮らす目的は、あなた個人がスピリチュアルに成長すること、それから集団的なスピリチュアルな仕事をすること、つまり大規模なスピリチュアルな計画のためにこの土地を整えておくことです」

大規模なスピリチュアルな計画への突然の招待は、さらに何人かの瞑想の生徒たちの心をとらえ、最終的に五人が集まった。私は退職し、家族——妻と二人の子供——からも一応の承諾を取りつけた。

アマラは私たちに、一九八一年五月十八日に会いにくるようにと言った。その日は私の誕生日だった。その輝かしい夏の朝、私たちはアマラを囲んで腰を下ろした。アマラも少しの間、私たちと同じくらい心を躍らせているように見えた。彼はいつもの威厳ある声で話した。

「ここにリシが来ています。サガラ・マハリシ*（インド神話に登場）という偉大なリシです。今日は記念すべき日です。あなた方は、五万一千年に一度の非常に大きな仕事のために選ばれたのですから。音楽会のときに、マールカンデーヤ・マハリシに選ばれたのです。さあ、サガラ・マハリシの前で誓いをたててください」

アマラがやり方を説明し、私たちは誓いをたてた。それからアマラは、自分の部屋に行って鍵を一つ持って出てくるとこう言った。

「これはマノヴァティの建物の鍵です。鍵は一つだけですが、あなた方は五人です。誰に預けましょう?」

皆が協議を始めた。私は、鍵を持つことにはさまざまな責任が伴うことを思っていた。鍵は象徴なのだった。すぐに皆は、一番年長の私が鍵を持つのがよいと結論した。予想外のことに、身が引き締まるような感覚がにわかに内に生まれたと思うと、意識が拡張した。私はそれが自分の人生における特別な瞬間であることを悟った。アマラは鍵を手渡しながら、じっと私を見つめて言った。「この意味が分かりますね!」。私は答えた。「はい。分かっています!」

この件と共に私は新たに生を受けたことを理解した。新たな誕生の日だった。

アマラが言った。

「マノヴァティに行って、今晩は泊まってください。朝になったら街に戻って荷物を取ってきて結構です。今日は夕方六時から輪になって七分間瞑想してくださ い。サプタ・リシが来てあなた方にアシュラムへのイニシエーションを授けてくれますから。私も明日、そちらを訪ねます」

私たちは午後にマノヴァティに戻り、六時から七分間瞑想した。瞑想中私は、強力なエネルギーが自分の中に入ってきたのを感じた。新しい人生へのイニシエーションだということが分かった。人生の新たな段階に入ったのだ。

・・・

その日の夕刻はとても美しく、夜はとても爽やかだった。蛇が出没することも忘れて、私たちは夜、一帯を散歩した。話に花を咲かせ、笑い声をたてて、マノヴァティでの輝かしい日々を夢想した。翌朝は早く起きて街に戻った。家に帰ると、娘が泣き出した。娘は、「お父さんがアシュラムに行っちゃった。私を置いて行っちゃった」と言って泣いたのだ。私は呆然としてしまい、この現実にどう向き合えばよいのか分からずに、ただ涙をこらえた。私は家族を愛していた。これからも会いにくるし、交流を絶つわけではないとはいえ、私はもうこれまでとは違う人間だった。私はマノヴァティの住人になったのだ。しばらく気持ちが動転して、自分が正しい道を選んだのか分からなくなった。私は当面このことについてあれこれ思い煩《わずら》わないことにした。人を傷つけることなしに、つまり自ら傷つくことなしに、大きな一歩を踏み出すことがいかに難しいかを痛感した。けれども、その時もいかなる時も、私はマノヴァティに行ったことを後悔しなかった。私は人間的レベルを越えなければならないことを悟った。

・・・

翌日アマラが、私たちを訪ねてきた。人気《ひとけ》のない、広々とした荒地にいた私たちの姿を認めると、彼はとても嬉しそうな顔をした。彼は、一人で部屋にこもってサプタ・リシと神々に祈って一時間を過ごした。その晩、アマラは、私たちを呼び寄せて自分の傍に座らせると、日誌にオームと描き、その上に卍を描き、その下方に七つの星を描いて言った。「これがあなた方の標章です」。アマラは私たちに新しい名前をつけてくれた。私は、クリシュナナンダと命名された。彼はこう語った。

「ここがアシュラムだというのは内輪の事情です。対外的には農地のようなもので、あなた方はバンガロールからここを開拓にきたということにします。サーダナを強化して、農業を仕事としてください」

「なぜ農業なのですか?」

「自然の中で過ごす時間が増えるからです。稼ぐお金も汚れていません。何より雨や作物に関して神に頼らなければならないでしょう。農業はサーダナの一環になるのです」

私たちはアマラの指示に従い、ただちに事に取りかかった。私が責任者になった。農業の知識がなかったので、村人に会いにいき、手伝いにきてもらったり、助言を求めたりした。アマラは私たちの仕事のためにローンを組んだ。その年の作物はシコクビエにしたが、大変な豊作となり、近隣の村の人たちが、作物を見学するためだけにマノヴァティにやってくるようになった。皆が私たちの努力をねぎらってくれ、アマラも喜んでくれた。

ある日アマラが訪ねてきたので、パパイヤを一つ進呈した。彼は長いことじっとそれを手にしていたが、やがてこう言った。

「五十年間この時を待っていました！」

アマラにとってそれは、果物よりはるかに意味のあるものだったのだ。私はもっとたくさんの果物を、そしてもっといろいろなものをアマラにあげたかった。

・・・

マノヴァティに来る以前には、私たちはバンガロールでもっと頻繁にアマラに会っていた。アマラが聞かせてくれる、仕事の話をはじめとするさまざまな話が懐かしまれた。私たちがそう言うと、アマラが答えた。

「バンガロールの人たちが逃しているもののほうがずっと大きいですよ！」

アマラは、私たちが村人たちと友好的な関係の基礎を築くことを望んでいた。マノヴァティの周辺にはいくつか村があり、それぞれがマノヴァティから一キロほど離れていた。私はあちこちに足を伸ばしては、村人たちと知り合いになろうと懸命に努めた。これはかなりうまくいった。それでも村人たちに、私たちはカードをやって酒盛りを開くために短期間物見遊山でやってきたわけではなく、無害な隣人なのだと分かってもらうまでには、しばらくの時間を要した。

ある時、険しい顔をした恰幅《かっぷく》のいい村人が、アマラ夫人が月に一度主催している医療キャンプにやってきた。この人は、医者がすぐに診察してくれなかったと言って怒り出した。自尊心を傷つけられた彼は、医者たちを罵《ののし》りながら帰っていった。数日後にバス停に向かう途中、私は、近くの村でこの人物に出くわした。「友好的な関係の基礎を築きなさい」というアマラの言葉がふと思い浮かんだ。私はその人の友人になりたいと思い、彼に挨拶をした。彼はすぐに私が誰であるかを認めて、罵詈雑言《ばりぞうごん》を浴びせてきた。笑顔で立ち去るのは容易ではなかったが、そのようにした。数日後、またしても同じところで彼に出くわした。また笑顔で挨拶をしたが、すかさず暴言を浴びせられた。これが何度となく繰り返されたが、私はあきらめなかった。

ある日、いつものようにバス停へ向かっていくと、その人が村人たちとおしゃべりをしている姿が見えた。邪魔をしたくなかったので、私はそのまま歩き続けた。私が立ち去っていくのが目に入ったのだろう。彼が私を呼び止めた。驚いたことに、彼は私に微笑みかけていた。そしてバス停に行くのかと尋ねた。私が「そうです」と答えると、彼は私についてきた。気まずい沈黙のうちに二人で歩いていったが、ふと彼が打ち解けて話し始めた。彼は、私を傷つけるつもりはなかったと言い、自分を侮辱したのは医者だったのだとも言った。私は医者に代わって謝罪し、彼をお茶に誘った。彼は翌日マノヴァティにやってきて、私たちは友達になった！

・・・

アマラは定期的に訪ねてきては、子供の心配をする親のように、元気に暮らしているかどうか気遣ってくれたが、そこでの仕事や生活について細かく教示してくれることはなかった。彼は、根本方針を示してはくれた。けれども細かな問題が山ほどあったので、仕事をこなし、人づきあいをしていくのは容易なことではなく、悩みがつきなかった。それでもそのように些細なことをアマラに相談するわけにはいかなかった。かといって体に刺さった棘のようなそれらの問題を、ただ放置しておくこともできなかった。

私は心の中でアマラに連絡を取り、助言を仰ぐことにした。アマラは毎回助けてくれた。けれどもある時、教えてもらいたいことがあってテレパシーで連絡すると、こう言われた。「答えることはできます。でも、いつまでこのようなことを続けるのですか？　自分で決めることに慣れなければなりません。失敗し、そこから学ぶのです。自分自身の光で輝いてほしいのです」。私はその指示に従った。

・・・

ある時、飼っていた犬が長いこと吠えていた。外に出てみるとコブラがいて、積み上げられた材木の隙間に入ろうとしていた。使用人を呼んで、コブラを追い払うよう指示したが、彼は尻込みして、他の人を連れてきた。その人はコブラを追い払おうとしたが、コブラはそこを動かなかった。気がつくと、その人はコブラを殺していた。私は生命を殺めるという重大な過ちを犯してしまったかもしれないと思った。そうだとすれば、どうすべきなのだろう。罪滅ぼしをすべきなのだろうか。次にアマラに会ったとき、このことをきいてみると、こう答えてくれた。

「正しいことでも間違ったことでもありません。でも、あなた方はあそこで暮らしているのですから、共存していけるようにしなければ。ともかく、コブラの魂と話して面倒をみておきましょう」

アマラをよく知る人が、アマラがかつて巨大なコブラを飼っていたことを話してくれたことがあった！　最初のうちは皆、震え上がってしまったが、次第にその恐ろしげな存在に慣れていった。多くの人が、アマラがコブラと遊んでいるのを目撃した。ある日コブラが隣家の犬と遊んでいたときのことだった。自分のペットが襲われていると勘違いしたその家の人が、コブラを撃ち殺してしまった。私がこのことを話題にすると、アマラは言った。

「あの魂は特別でした。事情があってコブラとして生まれなければならなかったのですが、あのコブラは殺されたあと、リシたちのところに行きました。リシたちがあの魂を助けたので、今は少年になっています。私は、肉体のその少年に会いました。彼は自分に起きたことを覚えていません。私も何も言いませんでした」

「誰もが最初は動物として生まれ、そのあと人間に進化するという話は本当ですか？」

「本当ではありません。私たちはパラ・ブラフマ・ローカ[*1]からやってきて、いつも人間として生まれてきました。植物や木や鳥や動物の魂は、低次の神的領域で創られたのです。

死後に彼らの魂はその領域に戻っていくのですが、これが彼らのムクティ*（解脱）となります。人間と違って、彼らはカルマの法則や他のスピリチュアルな法則とは無縁で、別の法則の元にあります。五万一千年に一度、人間に生まれて人間として生きることも許されているので、そういう人たちも私たちの中に暮らしています。よく観察してみると、その人たちを見分けられるかもしれません。アストラル界で会えば、すぐにそれと分かります」

・・・

一九八一年十一月のことだった。私たちはシコクビエの一部の収穫に取りかかるため、二十人近くの労働者を雇った。けれども正午前には、霧雨で仕事を中断しなければならない気配になった。雨はやむどころか、どんどんひどくなっていった。雨はマドラス近郊の低気圧によるもので、あと数日続くということだった。村人たちは、収穫したシコクビエは駄目になってしまうのではないかと心配した。これは私たちの初めての収穫だった。作物が駄目になってしまえば、私たちは窮状に陥《おちい》ることになる。喪失感と無力感に苛《さいな》まれていると、ふと「神に頼らなければなりません」というアマラの言葉が心に浮かんできた。

瞑想室に入って、クリシュナ神の像の前に座ると、私は助けを求めて祈った。霧雨は三日間続き、時折、本格的な雨に変わった。けれども私たちの土地では、大きな雨雲がほとんど途切れることなく通り過ぎていたにもかかわらず、ごく軽い霧雨がまばらに降っただけですんだ！　私たちは三日間働き続け、無事収穫を終えることができた。作業が終わると、私は再びクリシュナ神のところに行き、心からの感謝を捧げたが、とめどなく涙が流れ、さまざまな思いが込み上げてきた。しばらくすると雨が激しく降りつける音が聞こえてきた。雨は二日間続いた。このことは誰にも言わなかった。アマラに話すと、彼はこう言った。

「神は常に応えてくれます。けれども人のほうでは、そのことを信じて神に頼ることをしませんし、神が助けてくれても気づくこともありません。私たちのリシも、あなたの苦境を知っていて後押ししてくれていたのです。リシたちにも感謝してください。あなたは真摯に働きましたから、またリシたちが力を貸してくれることでしょう」

ある日の夜中に、同居人の一人に起こされた。彼は私を外に連れ出して言った。「ほら、あそこに雲があるでしょう！」。目を凝らすと、小さな薄雲が下りてくるのが分かった。雲は、穀物が植わっているところを覆ったかと思うと、消えてしまった。彼は一カ月近く毎日この光景を目撃してきたそうだった。この話をすると、他の同居人たちは笑い飛ばしたが、アマラはこう言った。「リシたちが助けてくれているのです」

その年は大豊作となった！

・・・

ある時、訪ねてきたアマラが、私が使っていたテーブルクロスを長いことじっと見つめてからこう言った。

「このテーブルクロスの絵柄の中でクリシュナ神は、彼のメッセージ、つまりギーター*2に書かれていることを語っていますが、それはまたあなたへのメッセージでもあります。その内容は、まずここは戦場だということ、あなたは神に助けを求めなければならないということ、そうすれば神が導いてくれるということです」

マノヴァティはまさに戦場だった。出資がかさむばかりで、それをまかなうだけの収入は得られなかった。同居人たちには、それぞれのやり方があったので、私は彼らのエゴと戦わなければならなかった。私の内でも戦いが繰り広げられていた。瞑想の時間をもっと確保したかったが、農作業に追われてできなかった。家族にも会いたくなったが、そこを引き上げることを考えることなどできなかった。私は一言一句おろそかにすることなく、アマラの言葉に従い、背水の陣をしいた。

いくつもの戦いに勝ち抜かなければならなかったが、私には十分な力がなかった。

それで神に頼って助けを求め、瞑想の中で祈りの中で、神に近づこうとした。アマラはそばでそれを見守っていた。

一九八一年のヴィジャヤダシャミ[*2]は重要な日だった。アマラから、いつもより長く瞑想をして待機するようにと指示されていたので、私たちは瞑想してから、何か素晴らしいことが起きるのを心待ちにしながらその日を過ごした。夜に、短い間ではあったが、大勢のリシとアマラの姿と非常に明るい光が見えた。翌日会ったとき、アマラはこう言った。

「皆さんは、今後極めて重要な仕事をすることになるでしょう。大きな力と、多額のお金が必要になりますが、それらを手に入れるのはたやすいことではありません。それでリシたちが、神に願い入れて特別な力をもらってきてくれたのです。それは巨大な光の玉のような形をとっています。昨晩リシたちがこれを高い領域から運んできて、皆さんが住んでいる建物の下に安置しました。多くのリシたちがこれを手伝い、クリシュナ神も祝福してくれました。これで、毎日瞑想してその波動に同調することによって、そこからエネルギーを得られるようになりましたから、必要なだけの助けを得られることでしょう」

私はアマラに、そのような神からの助けがあれば、楽にアシュラムを築き上げられると請け合った。アマラは、考え込んでいるような眼差しで空を見つめ、私たちは長いこと沈黙のうちに座っていた。アマラが口を開いた。

「私たちのアシュラムは、ここではありません。全世界が私たちのアシュラムです。この力は万人のためのものです。リシたちの仕事は万人の幸福、スピリチュアルな幸福と物質的幸福の両方のために行われています。だから私たちの仕事は、困難を伴うものでもあり、偉大なものでもあるのです。この仕事は、私やあなた方で終わるものではありません。あと四世代に渡って続けられます。プララヤ*（帰滅）の威力が間もなく活発になってきて、世界は混迷に陥るでしょう。聖書に書かれているようなにせ預言者が大勢現れ、人を惑わせる教団が山ほど出現し、大勢の闇の人々が活動を始めます。人類は物質的に豊かであるにもかかわらず、不幸に沈んでいきます。その時、このサプタ・リシのセンターから光が発せられ、人類に神への道、真理、完全、平和への道がはっきりと示されるようにしておかなければいけません。これは容易な課題ではありません。大きな責任が伴うことです。

あなた方は、偶然ここに来たわけではないのです。ここに来ることは定められていました。生まれる前にもう決まっていたのです。このリシの仕事を発足させたことを誇りに思ってください。たとえそれが前サイクルのこと、つまり五万一千年前のことだったとしても。私たちは毎サイクルこの仕事をしてきたのです。

そうしたい衝動にかられても、決してこの仕事をあきらめないでください。あらゆる困難に見舞われることになりますが、それは自然なことです。エヴェレストに登るのが簡単だったためしはないのですから。大きな障害と対峙する覚悟を決めてください。信仰が助けてくれます。リシたちが助けてくれます。リシたちは、今はまだ下りてこられませんが、何十年かあとには誕生して、この領域で仕事を続けます。今のリシたちには、私たちのような媒介者(チャネル)が必要なのです。

決してエゴに手綱を握らせてはいけません。エゴに支配された人は、リシに送り返されることになります。あなた方を含め例外はありません」

私は、アマラの言葉を一言ももらさず記憶という石に刻みつけた。

突然、いくつもの巨大な扉が私の前で開いた。すべてが拡張した。私の人生、私の目標、私の夢、私のヴィジョン、私の地平線、私の空……、ありとあらゆるものが拡張した。

〔訳注〕

＊1　パラ・ブラフマ・ローカ　アマラによれば、無限の光の大海。神の顕現の最初の起こりであり、人間

の魂が光の粒子のようなものとして誕生した場所でもある。

＊2　ギーター　『バガヴァド・ギーター』。ヒンドゥー教の聖典。

＊3　ヴィジャヤダシャミ　ダシャラー祭。女神ドゥルガーが悪魔に勝利した日を記念。

7 偉大なるリシの死

一九八二年に入った。

私は、マノヴァティでは以前より長く瞑想できるだろうと思っていた。けれどもそうはいかなった。仕事に労力を使い果たし、時間に追われる毎日だった。仕事は作物を育てることだけではなかった。人々と交流し、彼らを理解し、彼らの良い面と繋がりを持つことも仕事のうちだった。私は労働力を組織することに成功した。労働者を大切にし、困っているときには手を差し伸べ、彼らの生活水準を高めるためにも努力した。炎天下での作業用には制服と帽子を支給し、農業について話し合い、どの作物を植えればよいのかを相談した。何より責任を与えられ信頼されていることを実感してもらいたかった。私は心からの愛情でもって彼らと接した。その成果は素晴らしいものだった。彼らは熱心によく働き、仕事を愛するようになったのだ。

瞑想は、私に生きる力と方向性を与えてくれた。また忍耐力と洞察力を養ってくれた。瞑想をし、労働というものの美しさに触れ、作物と共に成長していくことで、私は大きく変わっていった。私は、美しい日暮れや壮麗な月の出には必ず見入った。何時間も一人で過ごし、マノヴァティでの将来の活動を思い描くこともあった。一緒に芝生を歩いていたときにアマラが語った言葉が、常に心にあった。「私はマノヴァティに天国が生まれることを望んでいるのです！」。日が昇れば光の中で夢を紡ぎ、月が出ればその光に身を浸した。

残念なことに、同居人たちとこうした思いはあまり分かち合えなかった。彼らは非常に年若く、苦労を知らなかった。私の家族は、週日に私が不在であることに慣れた。私は経済的な援助を続け、子供たちの面倒は妻がみてくれた。すべてがつつがなく進んでいるようだった。

・・・

ある瞑想の生徒が不思議なヴィジョンを見た。非常に明るい光に輝く男の赤ん坊が現れると、その人に微笑んで話しかけたのだが、彼は話の内容を失念してしまったということだった。

人が自分のした経験の話をしても、たいていアマラは何も言わずに微笑むだけだった。

けれども、このヴィジョンの話を聞いたとき、アマラは奇妙に興奮して喜びに顔を輝かせた。これは極めて珍しいことだった。彼は変に声を震わせて話した。

「このことは言っておかなければいけません。マハー・アヴァターラが誕生したのです！」

マハー・アヴァターラとは何者なのか、私たちは身を乗り出して説明を待った。

「ヴィシュヌ神の十のアヴァターラについてはよく知られています。しかし、さらにもう一人のアヴァターラがいて、一つのサイクルの終わりごとにやってくるということは皆知らないでしょう」

「でもそんな話はどこにも書いてありません！　誰も知らない話です！」

「ノストラダムスが世界を治める少年のことを語ってはいますが、記録されたことの大半が失われてしまったためです。現在残っているヴェーダやウパニシャッドやプラーナは、それらのごく一部に過ぎません」

「どうしてなくなったのですか？」

「時間の荒波の中で失われたこともありますし、人間が保存を怠ったこともあります。カリ・ユガ*（末世期）が深まるにつれて、人々は記録されたことを理解することも実践することもできなくなってしまいました。金儲けのために間違った知識が説かれ、長い儀式が行われるようになりました。けれどもすべての知識を取り戻し、それをはるかにしのぐ知識を得るときが来ます。新しい時代が到来し、新しい意識と新しいサイクルへ移行すると、私たちの愚劣さは一掃され、私たちは自分たちの本来の姿であるスピリチュアルな巨人となるので、それらの知識を得られるようになります」

「マハー・アヴァターラの役目は何ですか？」

「スピリチュアルなバランスを回復することです。まずカルキ神が、変革を強行しますが、その結果、苦しみと破壊が生じる可能性があります。そこでマハー・アヴァターラが、この局面を引き継ぎます。彼はもっとも高い領域から運んできたエネルギーを携えているので、この力を放って、人々が新しい意識に入れるよう後押しするのです。彼こそが神の王国を打ち建てる人なのです」

アマラは、マハー・アヴァターラについてさらに詳しく話してくれた。

・・・

誰かが偉大な人物について質問すると、アマラはその人の別の生について必ず教えてくれた。けれども、ラーマクリシュナについては、アマラは知らないと言うのだった！ 私は次第に、アマラその人がラーマクリシュナだったのではないかと疑うようになった。

ある時アマラに、「先生はラーマクリシュナだったのですか?」ときいてみた。アマラは、間髪を入れずに「違います」と明言した。けれどもなぜか腑に落ちなかった。ある日、再び誰かがアマラに「ラーマクリシュナは誰かに生まれ変わったのでしょうか?」と質問したときも、アマラは「知りません」と即答した。それを聞いて私は、アマラはきっと自分のことを話したくないのだろうと考えた。アマラには私の考えが分かったようだった。急に私のほうを向くと、微笑んでこう言ったからだ。「彼には会ったことがありません。だから知らないのです」。それでも私は納得しなかった。

ある日私はヴィジョンを見た。ラーマクリシュナがいた。彼にお辞儀をして、頭を上げると、ラーマクリシュナではなくアマラが立っていた! 私は、やはりアマラはラーマクリシュナだったのだと確信し、アマラがこのヴィジョンを見せてくれたに違いないとまで思った。けれども次に会ったときにこのことを話すと、アマラは微笑んで言った。「ただのヴィジョンです!」

マスターが他の生で誰であったかということは、あまり重要ではないということが、今ならよく分かる。マスターたちは皆、神の領域からやってきた。それぞれのマスターは、それぞれの異なる役割を果たすために、異なる方法でその神性を表す。マスターを人間的尺度で測るべきではないし、他の人と比較すべきでもない。マスターとは、自ら輝く光であり、神の世界への案内人なのである。

アマラが本当にラーマクリシュナであったかは定かではない。私はヴィジョンのことは誰にも話さなかった。

・・・

一九八二年四月、アマラが病に倒れた。肝臓と心臓の疾患があり、血圧も高く、寝たきりとなった。ある日面会に行ったが、アマラは起き上がることができなかった。私たちはいつも、コマンガラ・エクステンションにあるアマラの新築の家のヴェランダや客間で彼に面会していた。どんなときにも綺麗に髭を剃り、こざっぱりとした服に身を包み、立っていても座っていても姿勢を崩さないアマラは、強さと威厳を象徴する存在だった。無精髭のアマラを前にすると、悲しくて言葉を失ってしまった。私はベッドの脇に無言で座っていた。動転して、乱れた心を表現する言葉すら出てこなかった。

かなりの時間が過ぎた。私は気を静め、前置きもなくアマラにこう切り出した。

「このようなことをきく人はいないでしょうけれど、私は心の底から先生を慕っています。先生は私のスピリチュアルな父親です。教えてください。いつ体を離れるのですか？

それに備える時間が必要なのです」

このような質問は、誰一人としてしたことはなかっただろう。私にとっても気軽にできる質問ではなかったが、それでもなお私は知りたかったのだ！

アマラはすべてを知っているのだから、すぐに答えてくれるだろうと思って、私は答えを待った。けれども彼は黙っていた。上を向いた彼の目から涙が流れてきた。その時私は、自分の心が分からなくなった。あとになってそれは、アマラが涙を流すとは思っていなかったからだと気づいた。アマラもまた人間だということを、私たちは考えたこともなかった。

しかし、情緒や感情や感傷と、アマラも無縁ではなかった。私たちは、アマラはこれ以上にはないほどに強く勇気ある人だと思っていた。彼は確かにそのような人物だった。けれども彼は人間でもあったのだ。きっと、どのアヴァターラも泣いたり笑ったりしたのだろう。冗談を言うこともあれば、不機嫌になることもあっただろう。プラーナ文献には、神々の人間的な面は記録されていない。けれどもひとたび人の体を纏《まと》えば、どんなに偉大な魂も、たとえ表面的にではあれ、人間的感情を経験しなければならなかったのだろう。

アマラは凡百《ぼんぴゃく》のマスターではなかった。彼の行った数々の偉業や、彼の並外れた力について、ここに書き記すことはできない。アマラはその大きな力を、リシたちが計画した仕事を遂行することと人を助けるためにしか使わなかった。しかし、一つだけ記しておきたい。第二次世界大戦中アマラは、十八箇所に十八人の別の人間として同時に現れ、赤十字の一員として死骸を運んだり、怪我人の世話をしたりした。彼がこの話をしたことはなかったが、アマラの家族と世間話をしていて、たまたまこのことを知るに至ったのだ。

長い沈黙ののち、アマラは私のほうを見ずにこう言った。

「分かりません。こうしたことはリシが決めますから」

私は咳払いをしてから、震える声で言った。

「ごめんなさい。こんなことをきくべきではありませんでした」

彼は私を見て微笑むと、何とも言えない温かさと計り知れない愛情のこもった声で言った。

「私があなたの立場だったら、やはり同じことをきいたでしょう！」

私は彼に尋ねた。

「先生の今生の使命は何なのですか？　それはもう果たされたのですか？」

「私はリシたちのセンターをこの地球に作るためにやってきたのです。それが私の使命です。この計画のために、私はあなた方を集めたのです。使命は果たしたと思います」

「どうやって私たちを見つけ出したのですか?」

「アストラルな領域からは何でも見えるので、どんなことでも分かります。ただ、思考の力を使って、あなた方がここに集まると思念するだけでよかったのです。実際、あなた方はここにやってきたでしょう!」

「呼びかけを拒むことはできるのですか?」

「できます。呼びかけというのは、約束を思い出させるものです。あなたたちはリシたちのために働くとすでに約束していました。それでも呼びかけを無視することもできたのです。あらゆるレベルにおいて自由があります。いっさい強制はありません」

「呼びかけに応えなかった人もいますか?」

「ええ。何人かは応えませんでした」

「その人たちはどうなったのですか? 罰されたのですか?」

「好機を逸しただけです。リシたちは誰のことも罰したりはしません。スピリチュアルな法則を犯せば、カルマをひきつけて苦しむことにはなりますが」

「私たちが集まってマノヴァティを始めた今、具体的に何を達成することが求められているのでしょう?」

「まず成長し、リシたちのように輝くことです。私は、瞑想をする人たちの中から百四十四人がそうなってくれればと期待しています。地球には十四万四千人の媒介者《チャネル》がいるのですから。それが無理なら、七人が輝いてくれればいいと思っています。それも無理なら、少なくとも一人が輝いてくれればいいのです。もし誰一人としてリシの期待に沿えるようにならなかったとしても、私はやるべきことはやったと満足して肉体を去るつもりです。その時には、リシたちがもう一度人々に呼びかけるでしょう。それに応える人もいるかもしれません。呼んだ人たちが来なかったとしても、別の人たちもいるのですから」

「また地球に戻ってこられますか?」

「ええ。二〇四二年に戻ってきます。あなたもまた戻ってくることになります。私たちは五生かけてこの計画のために働くのです」

さまざまな思いで胸がいっぱいだったが、私は静かな気持ちでマノヴァティに戻った。

・・・

ある日、アマラから私たち宛に伝言が届いた。

「一九八一年六月一日に核戦争が起きます。戦争は午前十時に始まり、十二分後に終わりますが、世界の人口の三分の二が亡くなります」

私はアマラの元に駆けつけ、指示を仰いだ。

「普段通りの生活を続け、サーダナ*（スピリチュアルな修養）も続けてください。できればいつもより長く瞑想してください。うろたえないでください。誰にもこのことを口外してはいけません。ひたすら神の中にしっかり根を下ろし、待つのです」

けれども戦争は起きなかった！　私たちががっかりしてしまったのは、おかしなことだった！　戦争が起きなかったのには、何か理由があるはずだった。私は再びアマラの元に駆けつけた。

「リシたちが延期になるよう取り計らってくれました。何千年ものタパス・シャクティ*（タパスによって得たエネルギー）をこのために使ってくれたのです。リシたちは、それほどまでの多くの命が失われることを望まなかったからです」

「誰がこうしたことを決定するのですか？」

「神です」

私はもっと知りたかった。

「神に会われたのですか？」

「そういう質問に答えるのは難しいのです。シヴァ神やヴィシュヌ神といった神格には会いました。形のないパラ・ブラフマン*（究極の、ブラフマン／最高実在）も経験しましたが、神の核心まで行っていません。そこに行って帰ってくるまでに、この領域では何百万年もの時が過ぎてしまうでしょうから」

「あなたは神を経験されています。説明していただけませんか？」

「難しいことです。言葉では言い表せません。何百万もの銀河系が爆発し、何百万もの銀河系が生まれ、そこに数え切れないほどの魂が出入りすることを想像してみてください。何千もの色とりどりの光を想像してください。それから、それらすべてを包み込んでいる大いなる平安と愛のことを想像してください。そしてこうしたことすべてが同時に起こっているのを想像してください。これらすべてを同時に経験すれば、神のほんの小さな一面を垣間見たことになります」

私は想像力を極限まで押し広げてみた。それから私は、想像力をも思考をも超えなければ神を経験できないのだと悟った。

「戦争はいつ起きるのですか？」

「分かりません。サプタ・リシがヒマラヤでヤジュニャ*（祭式）を行っています。これがうまくいけば戦争がなくなることもあるでしょう。けれどもリシたちは、もう数年にわたってヤジュニャを行ってきたのです。これまでのところ戦争を延期できただけでした。人類が目覚めて、スピリチュアルな価値観に従う必要があります。そうなって初めて、戦争を阻止できるでしょう」

・・・

アマラの病状は改善しなかった。ヴィシュヴァミトラ・マハリシ*（インド神話に登場する王、のちにリシとなる）が、毎日夜間に来訪してアマラを治療することになった。数日すると、アマラの健康状態は向上した。しかし病状はぶり返した。アマラはこのことについて、こう説明してくれた。

「ヴィシュヴァミトラ・マハリシは、理解に苦しんでいました。ある晩彼がよくよく観察してみると、私のお腹の中に小さな黒いものが見つかったのです。このせいで何度も病気がぶり返すのだと分かりました。リシがこれを取り除くと、この小さな物体は人間に変わりました。この人は、リシに謝って、主人である闇の人物に遣わされたのだと言いました。この人は私の器官に隠れて、私の体を痛めつけて殺してしまうよう、言いつかっていたのです。彼は主人に従っていただけでした。ヴィシュヴァミトラ・マハリシは、彼に出ていくようにと言いました。それから、あの人はただ任務を果たしていただけだ、と言うと、引き続き治療をしてくれました」

アマラの体調は劇的に向上した。しかしそれも束の間のことだった！　原因を探ると、今度はカルマのせいだと分かった。アマラは、悩みを抱えてやってきた多くの人たちのカルマを肩代わりしてきたので、その人たちに代わって苦しまなければならなかったのだ。私たちは、アマラがカルマを燃やすこともできたことを知っている。けれども彼は、あえてカルマを引き受けたのだった。そのような些細なことに無駄に力を使うべきではないというのがその理由だった！　彼は苦しむ覚悟でいた！　カルマさえ浄化されれば、アマラも元気になるだろうと考えて、私たちはその時を待った。けれどもその間も、アマラは激しい痛みに見舞われ続け、私たちは右往左往するしかなかった。

一週間後に会いにいくと、アマラは満面の微笑みをたたえていた。ある話を聞かせようと、私を待っていたのだった。

「二日前の夕方、私は耐え難い痛みを抱えて横たわっていました。家には誰もいませんでした。その時、笛の音が聞こえてきました。音は窓の外から来ていました。トランジスタ・ラジオの音だろうと思ったのですが、音はどんどん近づいてきました。すると突然ベッドの脇にクリシュナ神が現れたのです！　私のために肉体化してくれたのです。起き上がりたかったのですが、無理でした。クリシュナは、ベッドに腰かけると、私の体に手をかざして頭から足まで手を動かしていき、こう言いました。『カルマはすべて燃やしました。痛みもすべて取りました。もう苦しむことはないでしょう』。その瞬間から痛みはすっかりなくなりました。クリシュナは、起き上がった私を抱きしめると、姿を消しました。人生最上のときでした！」

私はアマラを見つめ、「何という偉大な人だ！」という感嘆の思いにかられた。私はその人の前に座っていて、その人から学びを受けながら、人生のもっとも素晴らしい歳月を共に過ごしてきたのだ。私はその足に触れた*（インドで行われる敬意の表明の仕草）。

その後の静寂の中で、私たちは涙がとめどなくあふれてくるにまかせた。

美しい時間は、長くは続かないものだ。その時間を心の中に永遠に留めて、私たちは現実に戻っていった。私は最終バスを捕まえなければならなかった！ 別れ際にアマラは言った。

「カルマがきれいさっぱりなくなったのです。私はあと十七年生きます」

・・・

アマラの体調が再び悪化した！ 私は理解に苦しんだ。一九八二年八月二十五日の午前中にアマラに会いにいくと、アマラ夫人が言った。「とても衰弱していて、もう話もできません。誰も部屋に入れるつもりはありませんでしたが、あなたは特別です。でも見舞うのはほんの少しだけにして、すぐに出てきてください。ここで待っていますから」。私を部屋に通すと、彼女は扉の外で待機した。

アマラは私の顔を見るやいなやさっと上半身を起こした！　アマラのいるところから夫人は見えなかったにもかかわらず、アマラは彼女に声をかけて、ドアを閉めて席を外してくれるようにと頼んだ。私に話があったのだ。

彼の姿は、衰弱も痛みも全く感じさせないものだった。彼は四十五分間話した。この四十五分の間に彼が語ったことを、私は誰にも話したことがない。彼は熱を込めて情緒たっぷりに話した。これは全くアマラらしくないことだった。私は全身全霊で彼の話を傾聴した。あまりに熱心に聞いていたために、周りの世界が消えてしまったような気がした。最後に彼は、いくつか指示しておきたいことがあるから、他の同居人たちを午後に連れてきてほしいと言った。体の具合が悪いのだから、私が代わりに伝えると申し出たが、直接話すといってきかなかったので、彼らを午後に連れてくると約束した。

話が終わると、アマラは横になった。衰弱が現れていた。まるで私と話すために引き出してきた力が尽きてしまったかのようだった。そこを離れる前に、私はアマラに請け合った。

「おっしゃったことはすべて守ります」

彼は小さな声で答えた。

「それだけでは足りません。全員に守ってほしいのです！」

それがアマラの遺言となることを、その時私は知らなかった。午後に戻ってくる前に、アマラは息をひきとったのだった！

PART II

アマラは肉体を去ったあとも、この本と私の人生の中で生き続けている。

1 クリシュナ神の警告

一九八二年〜一九八五年

アマラほどの人物が突然いなくなったことで、埋めようのない空洞が生じた。「この先、誰が私たちを指導してくれるのだろう?」。これは、誰もが抱いた深刻な疑問だった。当時、瞑想の生徒は二千人ほどだったが、人数はさらに増え続けていた。初級からサマーディ瞑想に入るまでのテクニックの指導については、すでに確立されていたので問題はなかった。けれども、誰が生徒の瞑想の進展を査定するのだろう? これはサマーディ*（三昧。アマラはこれを「瞑想における完全な沈黙の状態」と説明した）の高度な段階では特に必要になることだった。また誰がリシ*（インド神話に登場する仙人。超人的な力を持つ）たちの指示やメッセージを伝達するのだろう? そのようなことができる人はいなかった。

アマラは後継者を指名しなかったし、アマラの役割を果たせるような人もいなかった。

それでも瞑想の指導は続けていかなければならなかった。バンガロールの生徒たちは、アマラ夫人に相談して、それまでに記録されていたテクニックを、初心者をはじめとするさまざまな段階の人たちに指導する役割を、ある古参の生徒に任せることにした。これらのテクニックが指導されるバンガロールでの日曜日の集まりは、それまで通り続けられることになった。

マノヴァティの私たちには、すでに明確な指示が与えられていたし、アマラ夫人もアマラと同じように私たちを愛し気遣ってくれた。

・・・

数カ月の間に、同居人たちはマノヴァティを去り、以前の生活に戻っていった。私一人が残った。

しかし、この頃までに私は農業に精通していた。村人たちとも大変良い関係にあったし、雇い人たちのお陰で仕事もゆとりをもってこなすことができた。その界隈でアマラが培ってきた信用があったので、私も尊敬と信頼を得ることができた。村人たちはアマラをベルガウム*（カルナータカ州の都市）のラージャ*（王、貴族の称号）と呼びならわし、その高潔な人格を語り草にしていた。アマラはいつも村人たちに両手を合わせて挨拶し、優しく丁寧に接して、問題を抱えた人には手を差し伸べていた。

当時のマノヴァティには、整備された道路がなかったので、アマラは貯水池の脇に車を止めて、マノヴァティまで歩いてきていた。アマラは決まってビスケットをかばん二つ分持ってやってきて、マノヴァティへの行き帰りに会った人たち全員に配っていた。人々がアマラを慕っていたのはビスケットのためではなく、真実の思いやりと、愛という内なる温かさのためだった。

私は、善意と愛の伝統を維持しようと務めた。アマラ夫人も応援してくれた。またたく間に私は大変な人気者になった。村人たちは、学校の行事や恒例のジャトラ*（演劇の出し物）に私を招いてくれた。娘や息子の結婚式の招待状を配るに先だって、まず私にくれた。村人たちは、マノヴァティを農場ではなくスピリチュアル・センターと見なしていたのだった。

近くの村に、小さな寺院があった。そこに祀《まつ》られている女神像は、毎年村の行列にかり出されていた。行列はまずマノヴァティにやってくるようになったので、私たちが最初のプージャ*（祭祀《さいし》）を執り行い、それから一行が村に戻っていくという慣《なら》わしになった。私には珍しい経験だった。村人たちは大行列をなしてマノヴァティにやってくると、長い時間、歌ったり踊ったりして過ごしていくのだった。私は、一行が目もくらむような光をかかげ太鼓を打ち鳴らしながら、夕刻の涼気の中をマノヴァティに練り歩いてくるのを出迎え、上機嫌で去っていくのを見送った。

アシュワタ・カッテで婚礼を挙げる人たちもいた。これは、聖なる木々を取り囲むようにして建てられた広々とした演台だった。熱が出たり頭痛が起きたりしたときに、薬が欲しいと言ってやってくる人たちもいた。

ある時、興味深いことが起きた。下痢だと言って私のところにやってきた人がいた。自分は医者ではないから村の医者に診てもらったほうがよいと伝えたが、その人は、私から薬をもらいたいのだと言ってきかなかった。そこで私は、ホメオパシーの薬用棚から中身が空の丸薬を取り出し、神とアマラに祈ってからそれを彼に渡し、よくならなかったら医者に行くようにと何度も言い含めた。二日後に顔を合わせたとき、不思議なことに彼は元気になっていた！　私は、アマラがその治癒力を用いて彼を治してくれたのだと確信した。私は嬉しかった。けれどもお陰で、患者たちがどっとやってきてしまい、薬用棚にあった空の丸薬を大量に使うはめになった。

ある日には、生まれて間もない赤ん坊を連れてやってきた年若い母親に、赤ん坊に祝福を与えて名前をつけてほしいと頼まれたこともあった。私は困惑してしまい、それに応えていいものか悩んだ。偉大な人物の七光のために、私たちの弱々しいオーラまでもが立派に見えてしまうのだった。

・・・

私は瞑想を続けた。私はサーダナ*（スピリチュアルな修養）の揺るぎない地歩を築いたと感じていた。また私は、すでにアストラルな領域の住人となっていたアマラが、何らかの方法で、私の指導を続けてくれるだろうとも信じていた。アマラと連絡を取ろうとしてみたが、アマラに繋がることはできなかった。それでも、私は失望しなかった。遅かれ早かれ、きっとアマラと連絡が取れるようになるだろうと考えたからである。

ある日のことだった。体は疲労していて、日射しは強烈で風はなく、片づけなければならない事務手続きが山積みだった。横になって、少しの間休むことにした。眠ってしまったのかもしれない。突然アマラが、私の簡易ベッドの脇に立っていた。誰か他の人も一緒だったが、姿がぼんやりとしていてはっきりは見えなかった。アマラがこう言うのが聞こえた。「疲れていますから、疲れを取ってあげたいのです」。それからアマラは、頭から足へ向かって私の身体の上に手を走らせた。同時に、私の疲労は消えてなくなった。ベッドから起き上がると、アマラの姿はすでに消えていた。

アマラの思いやりと愛情に胸がいっぱいになり、涙が出てきた。その時私は、アマラが連絡をくれたのは彼が身体を離れて以来のことだったと気づいた。

このことは誰にも話さなかった。極めて個人的な出来事で、人に言うようなことではなかったからだ。それに、アマラと交流していると公言している人たちもすでに出てきていた。私はこのことを、神聖な出来事として心にしまっておきたかった。

アマラと初めて繋がったのだから。

・・・

アマラ夫人は、本当によくしてくれた。私を息子のように扱ってくれ、自分が亡くなったら私に葬儀を執り行ってほしいとまで言ったこともあった。

マノヴァティで過ごした歳月、夫人は私と家族全員に服を買ってくれ、小遣いまでくれて、息子のように可愛がってくれた。私を心配するあまり、マノヴァティに電話がついたときには、毎朝電話をして元気だと知らせてほしいと言い出したほどだった！　インディラ・ガンディーが暗殺されたときには、葬儀の中継を見られるようにとバンガロールからテレビを送ってくれた。

ある晩、私は最終バスに乗ってバンガロールから帰宅した。バスは十一時に近くの村のバス停に止まった。マノヴァティはバス停から一キロ以上離れていたので、雇い人に迎えにきてくれるよう頼んであった。バスから降りると、三人が迎えてくれた。彼らとおしゃべりをしながら涼気ただよう夜の闇を歩いていくのは、とても気持ちがよかった。マノヴァティにたどり着くと、雇い人の一人が、私と一緒にバスから降りてきた人がいて、その人が少し離れて私たちのあとから歩いてきていたのだが、どうやらいなくなってしまったようだと言いだした。その人はどこに行ってしまったのだろう？　雇い人たちは、にわかに警戒してその人物を探し始めたが、見つからなかった。私たちは、その人はきっと村に帰ったのだろうと推察したが、どうしてそんな時間に私たちのあとから歩いてきたのかは謎のままだった。

翌朝、まだ夜明け前のことだった。車の音がしたと思うと、誰かが家の扉を叩いた。扉を開けるとアマラ夫人が立っていた！　彼女は私の姿を目にすると安堵の溜息をつき、大丈夫かと尋ねた。夫人は昨晩夢を見たのだと説明した。夢の中で彼女は、私が夜バスから降りるのを見た。男性が私と一緒にバスから降り、私のあとをつけて道中包丁で私に切りつけた。目覚めたとき彼女は、私が夜遅くにバンガロールからマノヴァティに戻っていったことを思い出した。それで彼女は、私の様子を見にきてくれたのだった！

・・・

マノヴァティでの暮らしは、単調でもなければ平穏でもなかった。さまざまな問題に見舞われた。けれどもどのような領域のどんなことに関しても、常に問題はあるものだ。問題に取り組むことで人間は成長し、学び、成熟していく。

瞑想と瞑想の各段階へのイニシエーションが、バンガロールで中止され、代わってマノヴァティで行われるようになったので、日曜日にはマノヴァティに来訪者がやってくるようになった。私たちは全員にお茶と食事を用意した。毎週日曜日は、祝祭の日さながらだった。毎週百人以上の人がやってきたので、財政状態は苦しくなったが、援助を募るよりも農業で収益を上げようと考えた。何とかぎりぎりの状態を維持することはできたが、かなり無理をしなければやっていけなかった。私は借金を背負い込み、返済が終わると再び借金をした。

どこでもそうであるように、人間関係をめぐる問題もあった。私は、議論や言い争いやエゴのぶつかり合いには関わらなかった。人間関係以上に、仕事を着実に進めていくことが大切だったからである。誰もが仕事を大切に思っていたし、マノヴァティが発展し輝くことを願っていた。時には、見解のぶつかり合いから互いのエゴが剥《む》き出しになることもあった。

忘れがたいおかしな一件がある。私たちはアマラから、どんなときも自分を礼拝してはならないと、はっきり指示されていた。彼は、マスターたちの像が特別なアシュトータラ*(一種の経文)と共に儀礼的に礼拝されている一方で、その教えのほうは理解もされず実行もされていないことを、その理由の一つに挙げた。アマラは、私たちがただ自分を崇拝するのではなく、自分が説いた原理を実行することを望んでいた。

私たちは日曜日になると、尊敬と愛情の証としてアマラの写真に花輪をかけていた。ある人が、アマラの教えに反するといって、これに異議を唱えた。私たちのしていることは、アマラの礼拝だと言うのだった! 私はその考えに同意せず、愛情の表現は儀礼化した礼拝とは違うと説明した。彼はこれを受け入れず、一騒動を起こしたが、アマラ夫人が彼をなだめてくれた。

・・・

その頃私たちは、それまで以上に頻繁に、東の地平線にピンク色の光を目撃するようになった。アマラは、これはリシたちがアストラルなレベルで、マノヴァティで働いている徴だと言っていた。その光が見えたときには、なるべく瞑想をしてリシたちの姿を見ようと努めてみた。けれどもリシたちの姿は見えなかった。

私は夜、薄雲がマノヴァティに下りたち、作物の中に消えていくのを何度も目撃した。私はアマラの言葉を記憶していた。「豊作を望むなら、畑で瞑想してください。瞑想が生む波動が、良い結果をもたらしてくれますから」。私はこれを試してみた。その効果がどれだけあったのかは分からない。けれども実りはいつも豊かで収穫量は増え続けた。

私たちはアマラの誕生日と命日とを欠かさず記念していた。当時私たちは、記念日には学校の子供たちを招いて、食事をふるまって贈り物をすることにしていた。最後には皆でバジャン*（聖歌）を歌って瞑想した。

私は、仲間同士で意思の疎通をはかることが大切だと考えて、ニュースレターの発行を始めた。そしてこれを『マノヴァティ・パトラ』、つまりマノヴァティからの手紙と命名した。評判は上々だった。そこには、瞑想の生徒たちによるアマラとの交流の思い出や、アマラが教えてくれた貴重な情報、ヨーガや瞑想をめぐる記事を掲載した。

私は、当時まだ健在だったアマラの友人たちを取材して、アマラについての本を書きたいとも考えていた。アマラ夫人が、その人たちの話を録音できるようにとテープレコーダーを買ってくれたので、その人たちに会って録音の計画もたてた。

他方で、家族のこともおろそかにしなかった。私は定期的に家族を訪ねていった。妻は実によくやってくれていた。彼女は家庭の仕事を一手に引き受けて、子供たちの教育、家事、請求書の支払いなどをこなしていた。私は年金とマノヴァティでの小遣いの中から送金した。

すべてはうまくいっていた。

・・・

一九八四年八月、クリシュナ神の降誕を祝うジャンマシュタミ祭の数日後、私は決して忘れることのできない長いアストラル体験をした。今でも、かつて見た映画をもう一度見ているかのように、その一部始終を思い出すことができる。

クリシュナ神が姿を現し、一緒に来るようにと告げた。クリシュナは黄色いドーティー＊（伝統的な腰布）を纏《まと》っていた。その胸は、目のくらむような宝石の首飾りで覆われ、頭には巨大なダイヤモンドや色石がちりばめられた冠がのっていた。その姿は、どんなキャンバスにも描きだすことはできないほどに立派で美しかった。

二人でどこか知らない道を歩いていった。道の片側には、巨大な木々が生い茂っていた。しばらく行ったところで、一緒に草の上に腰を下ろした。クリシュナは多くのことについて、長い時間をかけて語ってくれた。目を覚ましたとき、その内容はすっかり忘れてしまっていたが、次の言葉だけは覚えていた。「ここで精進を続けなさい。ここを出ていってはいけません」。その言葉の意味は理解できなかった。私は彼の話に耳を傾けながら、自分がごく自然なことのようにクリシュナと会話し、歩いているのに驚いた。私たちはとても親しい友人同士のように話し、歩いた。

クリシュナに案内されて、知らない場所へたどり着いた。そこには木々が生い茂り、渡り石のある大きな池があった。とても立派な体格の男性が、池のほとりに座ってタパス*（原義は「熱力」で、のちに「苦行」の意味。アマラによれば「深く長い瞑想」）をしていた。クリシュナはその人を指してこう言った。「アルジュナ*1です。ヴィシュヴァミトラ・マハリシ*（インド神話に登場する王、のちにリシとなる）が神からもらってきた力を空に投げつけたとき、アルジュナは爆心の近くにいて、エネルギーの波に打たれてしまったのです。耐えられないほどの激痛に苛《さいな》まれていたので、ここに座ってタパスをするように言いました。彼は私の言葉には常に従います。あなたは来世で彼に会うことになるでしょう」

私は再びアルジュナのほうを向くと、その優美さと威厳とに見とれた。

クリシュナは、さらに別の場所へと私を案内した。そびえ建つ巨大な建物の中に二人で入っていき、クリシュナが一つの扉をノックすると、中から女性の声が誰かと尋ねた。クリシュナが名乗ると、ドアが勢いよく開き、水浴びをしていたと思われる若い女性[*2]が布で身体を覆うことすら忘れて駆け寄ってきて、クリシュナを抱きしめた。クリシュナは私のほうを見て微笑んだ。

クリシュナはさらに何箇所かに私を案内し、いろいろなことを教えてくれたのだが、私はそれらについては何も思い出せなかった。

この経験をノートに記しておきたいとも考えたが、思いとどまった。むしろ記憶の中に留めておきたかったからだ。

・・・

一九八五年四月のことだった。

脱穀の作業のために特別に準備した場所で、二十人ほどの雇い人たちが、シコクビエの脱穀に精を出していた。彼らは歌を歌い、冗談を言い合っていた。私は離れたところに立って、その様子を楽しく眺めていた。その時だった。地底で大きな音がしたと思うと、目の前でマノヴァティの建物がガタガタと音をたてながら上下に揺れ動いた。弱い地震だと分かるまでにしばらくかかった。

その頃バンガロールでは、奇妙なことが起きていた。マノヴァティにやってくる人たちは、ひそひそと話しながら、理解できない眼差しを私に向けた。知人たちも突然離れていってしまった。アマラととても親しかった人が、ある日私をそばに呼んでこう言った。「あなたの目は節穴なのですか？　アマラ夫人のところに行って、あなたを中傷している人たちがいるのですよ！」

信じられなかった！　どうしてなのか分からなかった。嫉妬か疑惑か、それとも陰謀だろうか？　ここでそのようなことがあろうとは思ってもいなかった。私は、謎が自ずと解けるのを待つことにした。ある日のこと、影響力のある生徒たちの会合に呼びだされ、いくつかの件で糾弾された。説明も弁明もさせてもらえなかった。それでも私には、自分は退職までしてマノヴァティを築き上げ、懸命に働いてきたことで、揺るぎない地歩を固めたという自負があった。ところが、ある日バンガロールからマノヴァティに戻ってくると、私の部屋の扉に新しい錠がかけられていた。そこで私の帰りを待っていた村人が大声で泣きだした。

自分の荷物を持ち出すこともできなかった。私はただちに夢とヴィジョンのすべてを思い起こし、あふれてくる涙を拭わずにマノヴァティをあとにした。

〔訳注〕

＊1　**アルジュナ**　『バガヴァット・ギーター』に登場する王子。クリシュナの親類で親友でもある。

＊2　**水浴びをしていたと思われる若い女性**　川で水浴びをするクリシュナを慕う牧女たちとクリシュナとの戯れは、クリシュナ神話の有名なエピソード。

2 掘っ建て小屋からの再出発

一九八五年～一九八七年

住む場所も恩寵も失ったが、じっくり考える時間にはことかかなかった。私はいくつもの問いを繰り返し自らに投げかけた。何がいけなかったのだろう？　どんな間違いを犯したというのだろう？　師に背くようなことをしてしまったのだろうか？　スピリチュアルな法則を犯したのだろうか？　それでもなぜこのような事態が突然生じたのか、私には分からなかった。人を責め、悲嘆に暮れ、憎悪を募らせるのは簡単なことだった。けれども私は、自分が未熟だったのだと悟った。ただの理想主義ではだめだったのだ。それは現実主義と一体となってこそそのものだった。もっと慎重であるべきだったし、一人で借金を背負い込むべきではなかったのだ。その時の私は、夢と一緒に返済すべき多額の借金までも背負っていた。

アマラに会いたかった。アマラなら私を理解してくれただろう。彼に連絡を取ろうとしてもうまくいかなかったので、私はアマラにも見放されたと思った。しかしある日、瞑想をしていると声が聞こえてきた。それはとても聞き慣れた声だった。アマラの声だった！声はこう言った。「横になって瞑想してください」

一瞬にして自信と希望が甦《よみがえ》った。アマラが味方してくれるのだ！　誰に見捨てられようとも構わなかった。

私は自宅にこもり、人に会うことも連絡を取ることもせずに過ごした。これからどうするかということすら考えなかった。私はただ待ち瞑想した。

一週間が過ぎたとき、一人の村人が私を探してやってきて、自分の村まで来てほしいと言った。村はマノヴァティからわずか一キロのところにあった。何か問題が起きたか口論の仲裁をしてほしいのだろうと思って出かけていくと、その人は、自分の土地を全部私に見せてくれ、好きなところを選んで貰《もら》ってほしいと言ったのだった！　彼の言葉を今でもよく覚えている。彼は、「ここに暮らして、この村に光をもたらしてください」と言ったのだ。

私は、その人の思いやりに深く心を動かされると同時に、リシたちが助けてくれていることをも実感した。けれども土地を買うお金はなかったし、ただで土地を貰うわけにもいかなかった。しばらく話し合った結果、当面彼の土地で生活して、家計の維持と借金の返済のためにそこで野菜を育てることで折り合いがついた。彼は、「一生ここにいてください」と言い、私は、「神が望む間は」と答えた。私は村から離れたところにあった二エーカー（約八千平方メートル）の土地を選んだ。

こうしてマノヴァティから追放されてたった二週間で、私はマノヴァティのそばに住まいを得た！　働いて借金を返す機会と、マノヴァティの光が届くところで寝起きし瞑想する場所とを与えられたのだった！

・・・

土地はあったものの、水も屋根もなかった。井戸を掘らせ、寝泊まりできるところを作らなければならなかったため、またしてもお金が必要になった。再び借金をしなければならなくなったが、友人たちは私を避けていたし、面識のない人からは信用を得られないので、簡単にはいかなかった。例の村人がいくらか工面してくれたが、私の懐具合は生涯最悪のところに陥ってしまった。時計や本など売れるものはすべて売って、井戸を掘らせた。

ある出来事をここに記しておかなければならない。こうした出来事を通じてアマラやリシたちは、彼らがいつも私と共にあって私を慈しみ、助けているのだということを、絶え間なく知らせてきてくれるからだ。

友人の村人が、目星をつけておいた場所に水源があることを確認するために、水脈探知専門の占い師を連れてきた。占い師が、水はないと断言したので友人は落胆した。彼はどうしてもそこに井戸を掘りたいと思っていたからだ。彼に意見を求められたので、アマラとリシに祈り、井戸を掘ってくれるよう頼んだ。直径四十五フィート（十四メートル弱）の大型の井戸を掘るべく作業が始められ、三十人以上の人夫が井戸を掘り始めた。一カ月後、井戸は二十五フィート（八メートル弱）近い深さに達したが、水が出てくる気配はなかった。村人たちは、水はもう出ないだろうと言って私たちの不安をあおったが、私たちは作業を続けた。井戸が三十フィート（九メートル強）以上の深さに達したとき、友人の心が揺れ始めた。私はきっと水は出ると言って彼を励ました。私の信仰は揺るがなかった。その時にも、ほかのどんな時にも。

三十フィート以降は、一フィート（三十・四八センチメートル）掘るごとに、皆が失望の溜息をつき落胆の思いを深めた。三十五フィート（十一メートル弱）まで掘り進んだが、いまだ水の気配もなかったので、村人たちは口を揃えて無駄だからあきらめるようにと警告した。友人もあきらめることを望んでいた。私が、あと二フィート掘ってくれるように頼むと、友人はしぶしぶそれを承諾し、井戸掘りが続けられた。一フィート掘り進むと、土がにわかに湿り気を帯びてきて、何箇所かにちょろちょろと水が湧き出てきた。もう一フィート進んだところで、水がどっと迸《ほとばし》り出てきた！　私は驚かなかった。喜びと感謝の思いが、その奔流をしのがんばかりの勢いで胸に突き上げてきた。

・・・

土地もあり、水もあった。けれども井戸の内側に石の壁を作り、作物を植えるためには、さらにお金が必要だった。さらなる出費は、さらなる借金とさらなる労苦を意味した。その土地に寝泊まりできる小屋を建てる余裕がなかったので、私は家で家族と暮らし、毎日バンガロールから村へ通った。毎日が悪戦苦闘の連続だった。

ある日のこと、村に出向く必要があったのにお金がなかったこともあった。家から五キロほどの道のりを歩いてバス停まで行ったところで、バスには乗れないことに気づいた。バス代がなかったのだ。私のポケットは空だった。その時、村の人がバスの中から私に手を振っているのが見えた。彼は、「切符は買わないでください。あなたの分も買いましたから」と大声で言った。そうして私は無事村に行くことができた。

村で仕事を済ませると、私は考えた。「さて、どうやってバンガロールに帰ろうか！」。

バンガロールは二十五キロ先だった。歩く以外に選択はないようだったので、私はいたずらに考えて時間を無駄にしないことにした。その時には、歩くほうが考えるより楽だった！

一キロ近く歩いたところで、年配の女性に会った。彼女は私の姿を見るとそそくさと近づいてきて、両手で持っていた大きなトマトをくれると、歯のない口で微笑んだ。そして、私が炎天下を歩いていることについて温かい言葉で励まし、「神様が助けてくださるでしょう」と声をかけてくれた。彼女は私の苦境を知っていたのだ。村人たちは、そうと口にすることはなかったが、すべてを知っていた。彼らは、私を見ると何も言わずに温かく微笑みかけた。私はこの世の本質的な善良さは常に残るのだと感じた。

私はトマトを食べながら一人涙を拭い、リシたちを思いながら三キロほど歩いていき、大通りに出た。そこで誰かに呼び止められた。またしても村の人だった！　裕福なこの人は、その日新車を購入したところだったが、車に乗って祝福を与えてもらいたいからと言って、私をバンガロールの家の前まで送ってくれたのだった！

・・・

家族を含む誰もが、私が破産状態から抜け出すことは決してないだろうと考えていた。私の状況も歴史を通じて存在してきた、不運に見舞われた無数の人たちのそれと何ら変わるところはなかった。私は周りの人たちの尊敬と愛情を失った。金がなければ、体面と尊厳を保っていく資格すらなくなってしまう。私は黙って数々の屈辱を堪《た》え忍び、追い出される前に、ある日黙って家を出た。いたたまれなくなるような言葉を聞かずにすむように、あえて別れは言わなかった。荷物は、破れたタオル一枚と服と何冊かの本だけだった。もちろん夢も残らず携えていた。

私は夜村に到着し、農作に使っていた土地のそばにある小さなシヴァ寺院で夜を明かした。村人たちは何もきかなかった。私も何も話さなかった。彼らはなぜか事情を知っているようだったが、私は私で、彼らが知っていることを察知していた！

翌朝、昇る太陽が人生の新しい段階の到来を告げるなか、外で歯を磨いていると、村の女性が熱いお茶を持ってきてくれた。その後、誰かが朝食を届けてくれ、さらに午後には別の人が昼食を届けてくれた。さらに夕食も届けられた！　持ってきてほしいと誰に頼んだわけでもなかったが、私は自然現象であるかのように、黙ってこれらを受け取った。そうして私は一年近くを過ごしたのだった！　村人たちの愛情はずっと変わらなかった。

・・・

私の最初の作物はヒョウタンだった。これはあまり利益にはならなかったが、これによって大きな信用を築くことができた。しばらくすると、私は小屋を建ててそこに引っ越した。簡易ベッドをくれた人がいたので、さらに快適な環境が整った。

野菜を売ったり、買い物をしたりするために、私はたびたびバンガロールに出向かなければならなかった。出かけるときにはいつも、大したものはないとはいえ、全財産をドアのない小屋の中に置いていった。いつでも誰でも簡単に盗みに入れたはずだった。しかし、何一つ盗まれることはなかった。

最初の収益では、学校で使う椅子と子供たちにあげるお菓子を買った。私は、育てた野菜を村人にあげ、手紙を代筆したり子供たちの勉強をみてあげたりもしたが、村の政治と個人的争い事からは注意深く距離をとっていた。お陰で私はさらに尊敬されることになった。彼らは、私がよく瞑想している姿を見てもいたので、いよいよ尊敬が高まり、私は特別扱いを受けるようになってしまった。誰からも、わずかたりともいやな思いをさせられることなく、私はそこで暮らした。

激しい雨が降り込むうえ、冷たい風に乗って冬の冷気が入ってくるので、その小屋で暮らしていくことはできなくなった。村人たちに手伝ってもらって、タイルの屋根のついた小屋を揚水小屋のそばに建て、そこに引っ越した。そこでは読書用の電気ランプも使えた。

また一つ贅沢品が増えたのだ！　しばらくすると、調理用コンロと台所用品を買ってきて自炊も始めた。

夜になると私は外に座って、星空の下で夢が入った箱を開けた。私はよく、アマラは空のどのあたりにいるのだろうかと思いをめぐらせた。アマラからは何カ月も連絡がなかったが、私は彼が私の一挙手一投足を見守っていて、すべてを知っていると信じていた。

村人たちは、私が人里離れたところに一人で暮らしていたので、肝が据わっていると言って感嘆していた。村人のなかには、私の小屋のそばで幽霊を見たという者もいたので、私は、実は自分も幽霊なのだと冗談を言うようになった！

小屋から十メートル近く離れたところに、コブラの巣穴があった。大勢の村人がコブラを目撃し、私に警告したが、私はこのコブラを見たことがなかった。ある日、小屋のほうに歩いていくと、コブラが向こうからやってくるのが目に入った。私は一瞬呆然となって立ちつくした。コブラは静止すると、頭を高く上げた。私は心の中で、危害は加えない、とコブラに伝え、道をあけてどこかに行ってくれるように頼んだ。コブラはしばらく静止したまま私のほうを見ていたが、そのまま去っていった。まるで私の言葉を一字一句もらさずに聞いたかのようだった。アマラは、蛇や動物や鳥は、人の心を読めるのだと言っていた。彼らと意思の疎通をはかるのは簡単なのだ！

ある日、村の近くでバスに乗り込もうとしていたときのことだった。誰かが私のクルタ[*1]を引っ張った。犬がクルタの裾に噛みついて引っ張っていたのだ。見覚えのある犬だと思ったら、マノヴァティにいたボビーだった！

ボビーは、私たちが飼っていた心優しい犬だった。私はボビーには特別な気持ちを抱いていた。ボビーは、私がバンガロール行きのバスに乗るために別の村まで歩いていくときには、一緒についてきたし、私が読書や書き物をしているときには、椅子の下に座っていた。ボビーがどうやってこの村にやってきたのか不思議だったが、バスが出発するところだったので、考えている時間はなかった。私は雇い人に、ボビーにパンを買ってあげてくれるように頼んだ。動き出したバスから見えたボビーは、ひどく痩せて具合が悪そうだったので心配になった。

翌日村に戻ると雇い人が、ボビーはバスをしばらく追いかけたあと、マノヴァティに帰っていった、と教えてくれた。ボビーはその晩亡くなったそうだ。ボビーは別れを告げようと私を探しにきたのかもしれない！　このような心にしみる出来事は、私たちの記憶の中にずっと鮮やかに残る。

・・・

この歳月を振り返ってみると、自分が容赦なく試されたこと、そしてそれは一種の訓練でもあったことが理解できる。これらの歳月は、記憶の内に留まってはいるが、有り難いことにすでに悲痛な思いを喚起することはない。私にはどんな恨みもなく、不服もない。この歳月に鍛えられたお陰で、今の仕事ができるのだと思う。そこで関わった人たちは、ゲームの駒にされただけだった。彼らには、自分たちのしていることが分からなかったのかもしれない。

私は小さな農地をつつがなく管理し、読書をし、瞑想をした。借金の返済も開始し、星空の下で夢を紡ぎ続けた。私は、人々が一体となって、スピリチュアルな法則に従って生きるコミューンを夢見ていた。そこでは人は何も所有しないが、すべてを所有する。生命の最良の部分が引き出され、他の人たちと分かち合われる。そこでは人は、人を憎むことを忘れる。収入はすべて共同で管理する。そこには共同のキッチン、共有の店、共同の瞑想ホールがある。

私は綿密な設計図を描き、建物の外形の絵も描いた。アマラが話していたコスミック寺院の設計図も描いたが、これは十八階建ての巨大な寺院で、十八の異なる領域とそれぞれの領域に暮らす生命を象徴するものである。月は満ちては欠け、星々はいつも微笑んでいた。夜になって闇が地上の醜《みにく》い部分をすっぽり覆い隠すと、空はその奥深くにある見たことのないような星を見せてくれるのだった。

一九八七年のある晩、いつものように空を見つめていると、突如啓示を受けた。その啓示の光の中で、私は自分がリシたちの仕事において極めて重要な役割を果たすことを知った。こうした苦境に押しやって、私の信仰と信念を試したのはリシたちだったのだ。私は、野菜を育てながらあれこれ夢想する生活に甘んじているべきではないと悟った。仕事に取りかからなければならなかった。しかし、具体的にどのようなことをすればいいのだろう?

黄金の光が空から降りてきたかと思うと、私の人生の使命を示してくれた。

何日もの間、私はそれを実現する方法について熱心に考えた。そしてついにある日、瞑想教室を始める決意をした。

〔訳注〕
＊1　**クルタ**　伝統的なシャツ。ゆったりとしていて丈が長く襟がない。

3 バンガロールの瞑想教室

一九八八年～一九九三年

瞑想教室を始めることを決めてから、私はこの計画について周到に考えをめぐらせた。私の望みは、アマラの仕事を続けていくことであり、新たな仕事を始めることではなかった。私は、アマラの弟子の中に瞑想を教えている人は誰もいないことを知った。マノヴァティにいた頃、新しい人たちにイニシエーションを授けて現存の瞑想グループに入れるのは中止し、これ以上信徒を増やさないようにすべきだと強く主張している弟子たちがいた。私はこの方針に反対した。アマラから授かったスピリチュアルな知識と瞑想のテクニックは、特定のグループのためのものではないと信じていたからだ。それらは瞑想をしたいと思っているすべての人のためのものだ。

何日もの間、私は行動を起こすのをためらっていた。私は、アマラ夫人に不快な思いをさせることになるかもしれないという懸念を克服できないでいた。私は常に彼女を尊重してきた。間違ったことをしたくはなかった。マノヴァティを去ってから、人との交流は途絶えていて、アマラ夫人とさえ連絡を取っていなかった。そこで私は、そのような状況においては誰にとっても最善と思われる方法をとった。アマラとリシに祈って、明確な信号を待つことにしたのだ。

ある晩、外に座っていると、それほど離れていないところにあった小屋に、突然明かりがついた。誰かが来たのだろうかと思って小屋に行ってみたが、誰もいなかった。それで椅子に戻ると、また小屋の中に光が見えた！　リシたちからの信号に違いないと思い、アマラに連絡を取ろうとしたが、返事はなかった。私の直観は、光は私が待っていた信号であると、はっきり告げていた。けれども私はもっと明確な信号が欲しかった。私が始めようとしていた仕事は特別なものだったから、自分の師たち、つまりアマラとリシたちが賛成してくれることを、よく見極めておきたかったのだ。

翌日の昼どきに住まいを出ると、小屋の中に例の光が見えた。とても明るく感動的な光だった！　私はもう待たなかった。それからほどなく、バンガロールに瞑想教室を開く場所を用意することができた。あるスワミに教室の発会式を行ってくれるよう依頼し、招待状を印刷すると、何人かの古い友人とＶＩＰに送った。瞑想教室は、一九八八年五月に始まった。

・・・

瞑想教室を始める以前のことだったが、どうやってアマラの仕事を続けていこうかと考えていたとき、アマラから授かったスピリチュアルな知識を広めることを主たる目的にしたニュースレターの発行を思いついた。私は、少数の後援者を募りたいと考え、後援者のグループに名前をつけるように、たくさんの名前を紙に書き出してみたが、結局そのほとんどを削除した。納得のいく名前は思いつかなかった。

ある日、バンガロール行きのバスに乗っていたときのことだった。道中空を眺めていると、閃光が走った。その金色の光の中に文字が見えた。そこには「マナサ」（精神《マインド》）と書かれていた！　リシたちが名前を与えてくれたのだと思った。私は、グループを「マナサ・スピリチュアル・ファウンデーション」、ニュースレターを「マナサ・パトラ」と命名した。

一九八八年二月一日は、アマラの誕生日だったので、何人かの友人を小屋に招いた。バンガロールからやってきた七人の来訪者と一緒に瞑想をし、「マナサ・スピリチュアル・ファウンデーション」を発足した。「マナサ・パトラ」創刊号の印刷も出来上がってきたので、その公開は、友人の娘の五歳になる小さな女の子に依頼することにした！　一九八八年三月の夕刻、十二人が寺院の庭に集まった。私たちはその女の子に、ニュースレター七部を束ねたリボンをほどいてくれるよう頼んだ。他の子供たちと遊んでいて、ニュースレターの「公開」には興味がなかった彼女は、母親に呼ばれてやってきてそそくさとリボンをほどくと、遊びに戻っていった。

・・・

かつて、アマラを囲む小規模の集まりが毎日催されていたが、私はそこでアマラが話してくれた貴重な情報を書き留めていた数少ない生徒の一人だった。私はその記録をすべて読み返しながら、教室のために何日も考えを練った。入門してきた約五十人の生徒の前に初めて立ったとき、私はほんの一瞬動揺して口ごもったが、その後アマラとしっかりと繋がった。それから教室で教えたのは、私ではなくアマラだった。

ある日、用意してきた図を見せて解説していると、ある人から、図が光を放っていたと聞かされた。何週間かが過ぎ何カ月かが過ぎたが、その間に生徒たちから、教室と自宅での瞑想中にした珍しい経験について報告を受けるようになった。生徒たちは、瞑想のさまざまな効果を経験していた。その中には、心の平安、記憶力と集中力の向上、怒りの減退、その他のネガティブな感情の昇華などがあった。十年の間に、私はさらに三箇所にセンターを設立し、そこでも教室を始めた。何百人もの生徒が入門してきたが、多くがやめていったので、入れ替わりが激しかった。常時百人ほど生徒がいたが、私は彼らに個人的に会ってきめ細かくサーダナ*（スピリチュアルな修養）を指導した。個人指導は、この道の特徴をなすものとなった。

この十年の間に、アマラとリシたちに助けられ導かれながら、私は新たなテクニックを試みて発展させていった。そうしてアマラの教えと技法を発達させることによって、独特の道、つまりリシたちの道であるディヤーナ・ヨーガ*（瞑想のヨーガ）を築き上げた。

アマラはいつも教室に来てくれたし、他のリシたちも来てくれた。時間と共に、アストラル界の生物たちも大勢教室に来訪するようになった。リシたちに会って、生徒たちと一緒に瞑想をするためである。瞑想の生徒たちが、目に見えない来訪者たちの気配を感じたことは数え切れないほどあったし、なかには演壇に座っていたリシの姿をぼんやりと見た人たちもいた。それでも教室にはあまり人が集まらなかった。肉体を持っていた頃にも、アマラはよくこう言っていた。「数にはこだわらないことにしましょう。私は、興味本位の訪問者が大勢いるよりも、真の生徒が数人いるだけのほうがいいと思います」

私は、真剣で優秀な生徒たちにも出会ってきた。そのうちの何人かは、サマーディ*（三昧。瞑想における完全な沈黙の状態）の境界にまで難なく到達した。大勢の生徒がアストラル・トラベルに参加できるようになったし、透視その他の超能力がある生徒も数人いた。教え導きながら、私も恩恵を受け、多くのことについて理解を深めることができた。そして生徒たちの困難と、教師の限界についてもよく理解できるようになった。私は大きくなっていく仕事をつつがなくこなしていくために、自覚と誠意をもって精進した。

瞑想教室は、生徒のためになる以上に私のためになってくれたのだった！

・・・

ある時、生徒が腹痛を訴えて私のところにやってきた。彼は十年近くも腹痛に苦しめられていた。薬を服用したり医者に通ったりもしてきたが、瞑想教室に入ったのも、腹痛が治るかもしれないと期待してのことだった！　このようなことに対応するのは初めてだった。アマラに祈ると、マントラ*（真言）を教えてくれたので、その生徒に、毎日そのマントラを唱えて二カ月したら会いにくるよう伝えた。二カ月後、腹痛はおさまっていた。アマラは、その人は前世からのカルマ*（業）のために腹痛を起こしていたのだと教えてくれた。彼は、人の腹部を刺したのだった！

このようなことがたくさんあったので、私はさまざまなことを学ぶことになった。

ある時、瞑想の生徒がお茶に招いてくれた。家に訪ねていくと、彼は、親戚の人が自殺したのだが、その人の霊魂が家の中を彷徨《さまよ》っているのだと打ち明けた。その霊魂は誰にも危害を加えることはなかったが、彼は、その霊魂には出て行ってもらうべきだと感じていた。アマラに祈ると、数秒後にリシが一人アストラル体でやってきて、その霊魂に語りかけた。霊魂は、リシと一緒にすべての死者が行く場所に赴いて、そこで休息してから、光へ向かうさらなる旅路の道案内をしてもらうことに同意した。けれども霊魂は、もう一日だけそこにいたいと言い出した！

その家には初老の男性がいた。彼は、その霊魂と交流することができた。彼らはずっとお互いのいい話し相手だったのだろう。しばらくするとその男性が、霊魂を連れていかないでほしい、と私に頼みにきた。私は、人は誰でも誕生と死の法則に従わなければならないこと、そして私はおせっかいを焼いたり困らせたりするために来たのではないことを説明したが、その人は納得せず、不服そうだった。けれどもすでに霊魂のほうは、旅立ちたがっていた。霊魂は、翌日リシについて出ていった。

ある生徒は、リシが存在するという証を求めていた。彼は、それを証明してくれるような経験を望んでいた。私は彼に、リシたちに祈るようにと言った。一週間後、彼が興奮して駆けつけてきた。朝瞑想していると、光が眩《まぶ》しいのが気になったので目を閉じようとしたのだが、すでに目を閉じていることに気づいたのだという。彼は、内なる光を見ていたのだ。彼が、これが証拠かどうか教えてほしいと言うので、私はこう答えた。「これが証拠でなければ、何が証拠になるでしょう！」

私たちのグループの理事を務めていた友人が、ある日突然私の住む村に訪ねてきた。その頃私たちは、会議の開催を計画していて、多額の援助を募る必要があったのだが、限られた時間しか残されていなかった。それでも私は心配していなかったが、友人は、リシたちが実際に私たちを助けてくれていることを示す証が欲しいと訴えた。一緒にリシに祈ると、午後、豪雨が降った。一月で、雨が降る季節ではなかった。私は何も言わなかったが、友人は、それはリシたちの合図だと悟った。彼は、雨がその村の一帯にだけ降り、ほかのどこにも降らなかったのを知って驚愕していた。

これとよく似た一件もあった。アマラのことである。少年だったアマラはある日、現在のフレーザー・タウンのそばを友人たちと歩いていた。アマラはリシたちと交流があるという噂を聞いていた友人たちが、雨を降らせてみろとアマラにせまった。すると、雨が降ったのだった！　アマラはこう話してくれた。

「彼らとおしゃべりをしながら歩いているとき、ヴァルナ・ローカ*1に行って、雨の神に雨を降らせてほしいと頼みました。ヴァルナ神*（天の法則を護る神）はそれを聞き入れて、一時間ほどたったら豪雨にすると約束してくれたので、私は、雨が降ってくるから急いで家に帰ったほうがいいと友人たちに伝えました。もちろん、彼らは私を笑いました。けれども、一時間のうちに大変などしゃ降りになったのです！」

こうした話は枚挙にいとまがない。それらはあまりにもたくさんありすぎるし、それらのすべてを記録することがこの本の目的ではない。

これらの歳月における生活を回想するなかで、私は、存在には別の領域があること、そしてその領域の住人たちは、地上での生活に大きく影響しており、これを強力に導き助けることができるのだということを示すことができればと思っている。死を超えた生がある。私たちの問題は今生では終わらない。欠点を正し、思考と感情を純化し、生活を変容させなければ、来世でも、それ以降何度生まれ変わっても、痛みと苦しみの道から抜け出すことはできないだろう。理性をもってしても理解できないことは、あまりにも多い。

・・・

瞑想教室に入ってきた友人がいた。彼は、瞑想の初歩の段階を終え、サマーディ・ヨーガ[*2]を始められる段階にまできた。その時彼から、瞑想のためには、酒と菜食以外の食事は断念すべきかとの質問を受けた。私たちが、食事や習慣を規制したことは一度もなかったが、こうしたものがサマーディ・ヨーガを始めるにあたって意識の拡大の妨げになるということは、常々警告してきた。諧謔《かいぎゃく》的に言うなら、サマーディを取るか酒を取るか、ということである！　友人は後者を選んだ。するとわずかの間瞑想していることもままならなくなり、瞑想を断念するはめになってしまった。

友人の妻には透視能力があった。私の村に来たこともなかったのに、私の部屋や小屋や井戸の様子を隅々まで知っていて、友人に報告していた。彼女はまた、小屋のそばに蛇が住んでいるとも話していたそうだ。かつて出くわした蛇の話をすると、彼女はそれとは別の蛇がいると主張した。

ある時、彼女が友人と一緒に私の村にやってきた。三人で瞑想をしていると、彼女が立ち上がってそこに蛇がいると告げた。蛇は見当たらなかったが、彼女は、確かにそこに蛇がいるのだと言い張った。当時の私には、このことをよく理解するだけの能力がなかった。けれども今は、彼女が見たのはアストラル体の蛇であったことが分かる。のちに私は、人や蛇など、大勢のアストラル体に会うことになった。このところは、村を出て最初の角をスクーターで曲がると、私を待っているアストラル体の蛇に会う。無害で人なつこい蛇である。

用事があって、雇い人と一緒に隣町まで行かなければならないことがあった。私のスクーターに二人乗りで出かけたが、道中ガソリンがなくなってしまった。ガソリンスタンドは近くにあったので、二人でスクーターを押していくとすぐに到着したが、そこはガソリンを切らしていて、次のガソリンスタンドは十キロ先だと教えられた。

途方に暮れてスクーターを押して歩き始めたが、数メートルも行くと下り坂になったので、二人でスクーターに乗り、長い坂を自然に下るにまかせた。下っていくと不意にエンジンがかかり、そのまま十キロ先のガソリンスタンドまで作動し続けた。私たちは、ガソリンなしで十キロ走ったのだった！　その時私は、かつてアマラがリシの仕事中に、二百キロ以上をガソリンの入っていない車で走ったことを思い出した。

・・・

私は、いつかは土地を村人に返さなければならないと思っていた。マノヴァティの近くに土地を探すと、当時住んでいたところよりずっとマノヴァティに近いところに、チッカグビという村が見つかったので、そこに土地を購入した。

一九九一年にはよく大雨が降った。井戸の壁が崩れてしまったので、修理のためにまた多額の費用が必要になった。私は土地を返して、チッカグビ村のそばの土地に小屋を建てることにした。お金を用意しなければならなかったが、しばらく時間が必要だったので、バンガロールに部屋を借りて、当面そこに暮らすことにした。

そこで私は、瞑想とスピリチュアルな科学について二冊の小冊子を執筆した。アメリカから何件かの講演旅行の依頼があったが、あまり気が進まなかった。自分にはもっと準備が必要だと感じたし、そうでなくとも私の仕事はマノヴァティを拠点とするものだったからだ。仕事は山積みだった。

私はサーダナの段階をまた一つ終えた。アマラは、次の段階へのイニシエーションをしたいと言ってくれた。その頃私は、サフラン色の服*（インドの僧侶が広く身につける）を着てみたいと思っていた。アマラは許可してくれた。人にスワミ*（僧侶）と呼ばれると嬉しかった。けれども当初の喜びは間もなく薄れてしまった。これまでのように、誰に気づかれることもなく、人の間に溶け込むことはできなくなり、本屋や図書館ではじろじろと見られた。露天のパニ・プリ*（ポピュラーなスナック）を食べながら、数人の客に一度に対応する、売り手の接客の手際のよさに感心することもできなくなったし、ファーストフードの店に行き、欠けた磁器のカップで熱いコーヒーをすすりながら、人々が大急ぎでがつがつと食べるのを眺めることもできなくなった。サフラン色の服は、私に独特の雰囲気を与えてくれはしたが、人の海から私を隔ててしまった。

サフラン色を纏《まと》ってみたいという私の気まぐれな憧れは、すぐにしぼんでしまった。アマラは笑った。そしてこう言った。「サフラン色は、内に纏わなくては」。もとの服装に戻る許可を得た頃、私は次のイニシエーションを間近に控えていた。

・・・

チッカグビ村の近くに購入した土地に建設中の、小さな家の完成が近くなった。この家も村からは距離があり、人里離れてひっそりと建っていた。この土地を買う前のことだったが、親切な人が、別の村のそばに二エーカー（約八千平方メートル）の土地を買うのを援助したいと申し出てくれたことがあった。私はもっと広い、もっとマノヴァティに近いところにある土地が欲しかった。その人は、私がマノヴァティの光が届く範囲に住みたがることが理解できず、気分を損ねてしまった。

ある日の瞑想中にヴィジョンを見た。購入した土地が見え、そこから少し離れたところに大きなテラスがあるのが見えた。百人以上の若者がヨーガの姿勢をとって非常に折り目正しく座っていて、ある人がその若者たちに語りかけていた。グルクラ*（古代インドの全寮制の学校）の教室のようだった。その人物には見覚えがあった。その顔は……、そう私の顔に似ていた！　それは私だった。私はアマラの言葉を思い出した。「あなたは前サイクル、つまり五万一千前にここにいました。この仕事を始めたのは、あなただったのです」

私は、自分が生活し仕事をしていくのにふさわしい場所を選んだことを理解した。すべては順調だった。それで私はしばらく悦に入っていて、サーダナをおろそかにした。するとさまざまな不手際を犯すようになってしまった。これらは回避しうることだった。私は内省を強いられた。ある時、私は夜を徹して自分の人生とサーダナと仕事を振り返って反省した。私は、チッカグビ村の近くの、私たちの新しい土地、タポナガラでやるべきことが山のようにあるのに、バンガロールで時間を無駄にしていたことに気づいた。

ある晩アマラがやってきて、私をサマーディに押しやった。私は何時間もサマーディの内にあった。この経験によって、私の人生は全く新しい方向に向かうことになった。

一九九三年半ばに、私はタポナガラに移り住んだ。

〔訳注〕

＊1　ヴァルナ・ローカ　アマラによれば、アシュタ・ディカパラカ・ローカの一つで、ヴァルナ神が治めており、マテリアル・コスモスの西側にある。

＊2　サマーディ・ヨーガ　アマラとクリシュナナンダの教室では「サマーディを経験できるような熟練者向けの瞑想」の意味で用いられる。

4 蘇る古代の聖地

一九九三年〜一九九五年

タポナガラは、バンガロール近郊二十キロのところにあるチッカグビ村のそばにある小さな町である。ここからは、バンガロール行きのバスも出ている。食品や野菜の買い出しのためのバザールは、近からず遠からずの距離にある。電気も通っているし、村の子供が通える小学校もある。小学校では、子供たちは全員一つの教室で身を寄せ合って座らなければならないし、教師のほうも年中子供たちに忍耐力を試されるので、教えているよりも怒鳴っていることのほうが多い。電話の設備は最近になってついたが、この贅沢品は、私たちの平安を支えてくれる以上に乱すものであるらしい。しかし、好ましくない影響があったとしても、文明からの贈り物は甘んじて受け取るべきだろう。選択の余地はないのだ。

リシ*（インド神話に登場する仙人。超人的な力を持つ）たちは、この土地をタポナガラと名づけたが、ここでの主な活動はタパス*（深く長い瞑想）である。都会の近くとはいえ、タポナガラは平和と穏やかさにあふれている。ここはタパスのために選ばれた場所である。アマラは私たちに、以前のユガ*（世紀）のサイクルでは、タポナガラはバンガロールの一部だったと教えてくれた。かつてバンガロールの人々は、心を洗うためにここを訪れていたそうだ。前サイクルでも、リシたちは、ブラフマ・ローカ*1からの特別なエネルギーをここに貯蔵していたが、このエネルギーは主に心を清めてくれるものである。その頃にもサプタ・リシ*（神話に登場する七人の代表的なリシ）は、新しい時代《ニューエイジ》に必要な、高度なスピリチュアルな知識を広めるためにセンターを開いていたのだ。

アマラは、将来地球は少しずつ傾いていき、最終的には二度傾くと語っていた。すると北部の万年雪が溶け、ヒマラヤは海に沈み、北インド全土が海に覆われることになる。そして、ガンジス川とヤムナ川とサラスヴァーティー川*2に結びついている神的要素が南に移動してタポナガラにやってくる。タポナガラは、将来のトリヴェニ・サンガム*（上記三つの川の合流点）になるのだ。

やがて各種のスピリチュアルな科学を教える大学がここに創立される。リシたちはこの世に誕生してここに集結する。クリパ*（インド神話の登場人物）は、二十一世紀の前半に彼のグルクラをここに移転させる。カルキ神[*3]も任務を果たしたのちに、ここを肉体で訪問し、それからリシたちによってすでに選ばれ準備されたヒマラヤの某所に定住する。

アマラは、タポナガラについて、ここに記したよりはるかに多くのことを教えてくれた。タポナガラは、私たちが現在暮らしている地域や、今後ここにできることになる小さな町にとどまるものではなく、半径一・五キロの地域で、ここには私たちの暮らしている地域だけでなくマノヴァティと三つの村も入っている。

私たちは一九九三年に手を染めて、極めて強力なスピリチュアル・フィールドを築き上げた。それは、巨大な地球のような姿をしている。サプタ・リシは、これをマナスィ・フィールドと命名した。リシたちはマナスィ・フィールドを管理してもらうために、神を一人連れてきて、マナスィ・デヴィ[*]（女神）と命名した。サプタ・リシと、他のローカ[*]（世界）から定期的にやってくる特別なリシたちが、さまざまな領域からエネルギーを集めてはここに運んできた。さらに、ここに今一つのシャンバラを築く条件を整えるために、シャンバラのエネルギーも運ばれてきた。

タポナガラは、新しいユガにはタパスの地となり、導きの光となるだろう。

・・・

バンガロールからタポナガラへ引っ越す前に、興味深いことが起きた。私は、少人数の教室で瞑想を教えていた。ここの生徒たちのための最後の教室で、私は突然アストラル体の生物の気配を感じた。感度を最大限に高めると、その訪問者はシャンバラの女神ターラだと分かった。女神は私たちを祝福すると去っていった。霊視能力が開発された生徒がいたが、彼女もターラの姿を目撃していた。

その生徒は、さらに別の話もしてくれた。その日の瞑想中、一瞬目を開いたとき、驚くべき光景を目にした。目の前に座っているはずの私がいなくなっていたのだ。けれども瞑想が終わると、私は元通りそこにいたという。あとからアマラが、アストラル体の訪問者が私の前に座って視界を遮《さえぎ》っていたのだと教えてくれた。それで、彼女には私の姿が見えなかったのだった！

女神ターラの三度の来訪のあと、ある人がネパールで買ってきたターラ像をくれた。私はそれが偶然ではなくメッセージであることを悟った。

私は古参の生徒に、バンガロールのセンターでの瞑想教室を取り仕切ってくれるよう依頼した。彼女は、大変な精力を傾けて誠心誠意この役割を果たしてくれた。他の何人かの生徒も彼女を補佐し、リシたちも支援してくれた。それから四年以上が過ぎたが、とても有能なグループが素晴らしい仕事をしてくれているので、私は「自分が死んだら、誰が私の先生とリシたちが授けてくれた知識を広める仕事を続けてくれるのだろう?」と思い煩《わずら》わずにいられる。

私は、タポナガラに小さな家を建て、瞑想ホールも建てた。そして一九九四年一月には、タポナガラで瞑想教室を始めた。人々が、教室に参加したりスピリチュアルな指導を受けたりするために、もしくは長い時間瞑想するためだけにやってくるようになり、タポナガラは活気づいていった。

アマラは、常に私を支えてくれるようになった。彼は微細な点に至るまできめ細かく面倒をみてくれたし、タポナガラとバンガロールのセンターでの教室にも必ず参加してくれた。また、アマラが他の地球から連れてきた特別なリシたちも、アストラルな領域でホーマ*（護摩。火の中に供物を投じる儀式）とヤジュニャ*（祭式）を行って、スピリチュアル・フィールドを強化してくれた。

時と共に、アストラル体の訪問者たちが世界のさまざまなところから、たびたび来訪するようになった。リシたちは、この地球に神格を連れてくる際には、まずここに案内してこの土地一帯とここでの仕事を祝福してもらい、それから公式の集会のためにヒマラヤに連れだって出かけていくことを慣《なら》わしにしていた。アストラル体の瞑想者たちも、教室に参加するようになったが、これは日曜日の教室を監督しているリシたちと共に過ごし、生徒たちと一緒に瞑想するためである。世界のさまざまなところから多くのライト・ワーカーたちが、リシたちの指導を求めてタポナガラに来訪するようになった。間もなくタポナガラは、ヒマラヤ・センターに次ぐ、スピリチュアルな活動の一大センターへと成長した。

一九九三年十一月二十四日に、ヴィシュヴァミトラ・マハリシ*（インド神話に登場する王、のちにリシとなる）が他の惑星から初めて連絡をくれ、クリスマスに来訪すると約束してくれた。マハリシが来る日、アマラは彼を出迎えようと待ちかまえていた。これほど嬉しそうなアマラを見るのは初めてだった。ヴィシュヴァミトラ・マハリシもとても嬉しそうだった。マハリシは、タポナガラを築き上げるために、宇宙のあらゆるところから助けを送ることを約束してくれ、また数日後には、特別なヤジュニャを行うため、サティヤ・ローカ*4からリシを十八人連れて戻ってきてくれた。また日食と月食の折には決まって、ホーマとヤジュニャのために特別なリシたちを連れてきてくれるようになった。こうして、ヴィシュヴァミトラ・マハリシは、タポナガラで行われるすべての仕事の背後の光となったのだ。

この頃に、アメリカから二件の招待があった。会議での講演と講演旅行の依頼だった。

私はあまり気乗りがしなかったし、アマラも「今はだめです」と言った。

・・・

一九九三年十一月十九日、ある女性の生徒がジョーティ・プロジェクトに加わった。ジョーティ・プロジェクトというのは、子供たちの学校の勉強をみてあげたり、人格を育てたりするもので、私が大きな情熱を傾けて始めたものだった。私たちは、子供たちに衛生、歌、絵、瞑想を教えた。子供たちは、大人よりうまく瞑想することができた！　一人の女の子には特殊能力があり、アマラや他のアストラル体の訪問者たちの姿が見えた。

教室に参加するようになったある女性には、驚くべき超能力があった。このことに気づくのに時間はかからなかった。彼女は、アストラル体の生物やアストラル界を、目を開けたまま見ることができた。彼女は、リシたちとも難なく連絡が取れたし、他の領域からエネルギーを集めてくることもできた。リシたちは彼女をテストしてから、リシたちのために働くという同意を彼女から取りつけると、タポナガラにまつわる仕事を手伝ってもらうため数カ月にわたって体系的な訓練をつけた。この女性には、ガンガという名前が与えられた。

ガンガは、突出した幻視能力のために人気者になった。彼女には、腎臓結石や、アストラル体の蛇や、私たちのところに訪問中の神々などが見えた。彼女が神的生物たちの姿を形容するのを聞くと、人々は圧倒されてしまった。ガンガは、生徒たちとリシたちのお気に入りとなった。

超能力とスピリチュアルな成熟とは、別のものである。彼女がくじけるたびに、リシたちは懇切丁寧に彼女を導いた。過ちを犯したために、能力がすっかり消えてしまったことがあったが、ヴィシュヴァミトラ・マハリシは、それをすべて回復してくれた。彼女が将来について迷っていたときには、ブリグ・マハリシがこう言い聞かせた。「あなたの未来は私たちと共にあります。死ぬまでここにいらっしゃい」

アストラル体の私の姿を見ることができたガンガは、私のアストラル界での仕事を目の当たりにしていた。厳しく注意してあったにもかかわらず、彼女は情報を漏らすことがあった。皆が、私とリシたちについて話を聞こうと、たびたび彼女を取り囲んでいた。

・・・

一九九三年に外の世界からタポナガラに戻ったあと、突然私の中でいくつもの扉が開かれた。多くのことが啓示によって明らかにされた。私は、タポナガラに来るまでの歳月を無駄に過ごしたわけではなく、予行演習をしていたのだということも分かった。私は五十年以上もの歳月を、タポナガラの外での予行演習に費やしたのだった！

一九九四年十一月二十三日、瞑想をしていると、私は自分がかつてリシであったという不思議な啓示を受けた！　しかし、仮説をもとに想像力をたくましくすることはすまい、と自らを戒めた。何日もの間、その考えが浮かぶたびに私はそれを振り払ったが、それでもおさまらないときには無視した。

一九九四年二月二十二日、アマラとサプタ・リシが、瞑想教室にアストラル体でやってきた。二人の人物が一緒だったが、それは何年も前に肉体を離れた私の両親だった！　神も一人一緒だった。それはクリシュナ神だった！

私は、啓示は本物だと教えられ、ヴィジョンも見せられた。サティヤ・ローカにある、岩で閉ざされた洞窟の中で、座ってタパスを行っている自分の姿が見えた。実は私は今もそこにいて、ここにいるのは私の一部だけなのだと、教えられた。私の名前はアラカというそうだ。そのほかにも多くのヴィジョンを見せられたが、それらをここに記すことはできない。啓示の内容をここに書いたことが、正しかったのかは分からないが、ともかくこの話は誰にもしたことがなく、ガンガだけが知ることだった。彼女には、何もかもが筒抜けだったから！

・・・

一九九三年以降は、御伽噺《おとぎばなし》さながらの、世にも不思議な出来事の連続だった！　それらを記そうと思えば、あらためて大著を書かなくてはならないだろう。しかし、それらはもれなく記録されるべきことではない。一つだけここで紹介するが、それはこれが不思議な話だからというよりは、真理を教えてくれる話だからである。

私には、時々訪ねていく仲の良い友人がいる。彼の母親は、何年か前に亡くなっていた。彼と一緒にいたとき、その母親から不意に連絡を受けた。彼女は、リシたちから許可をもらったので、あることを息子に伝えたいと訴えた。しばらく躊躇《ちゅうちょ》してから、友人に連絡があったことを話すと、ぜひ取り次いでほしいと言われた。懐かしさに潤んだ彼の目は、あふれんばかりの愛情をたたえていた。母親は、自分は生前息子を多くの点で誤解していたが、これは家族から間違ったことを吹き込まれていたためで、息子に極めて不当な評価を下してしまったが、今は物事が正しく見えるのだと語り、謝罪した。

少しためらってから、友人は母親に、故郷の土地を売ってもよいかと尋ねた。すると意外な答えが返ってきた。「そういうことには興味がありません。あなたが決めることです。一度体を去ると、私たちは全く別人になるのです」

肉体の死と共に、その肉体にまつわる関係のすべても消えることになるが、私たちはこのことを知らない。魂は、生前とは異なる道を行き、異なる志向を持つのである。

・・・

一九九四年一月十六日、タポナガラの教室で、あることについて説明していたときのことだった。突然、巨大な光明が現れた。瞑想ホールの中に太陽が姿を現したかのようだった。その光から人が出てきた。マハー・アヴァタータラ[*5]だった！　彼は少年のような姿をしていた。

彼は、私にそのまま続けるようにと身振りで示すと、生徒たちの間を歩いていった。彼は、そこにいた全員と私に光を授けたあと、微笑んで姿を消した。生徒たちの間に座っていたガンガもすべてを見ていた。

それは最高の日、最高の瞬間だった。タポナガラは特別な祝福を受けたのだ。

・・・

一九九三年十二月二十五日、私たちはキリストを礼拝した。何百人ものリシとアストラル体の訪問者もやってきた。キリストが現れると、まるで何百もの太陽が一度に昇ったかのようだった。キリストは、瞑想室に巨大な金の十字架となって降りたつと、人間に姿を変えた。彼は、私たちが前もって愛を込めて集めておいた賛美のエネルギーを受け取り、私たちの愛も受け取ると、子供たちに接している父親のように嬉しそうに顔を輝かせた。彼は、世界のさまざまなところからやってきたさまざまなグループに言葉をかけ、私たちの仕事についても特別な指示を与えてくれた。

その時、何者かがキリストと繋がろうとしていた。どこかの神だった。それは、一九八二年にリシたちが運んできた高い領域からの光を管理して、マノヴァティの地下に保存してくれている、女神マノヴァティだった。女神が、ここでのリシたちの仕事を手伝いたいとの希望を表明すると、キリストは女神に指示を与えた。

その晩、一人で自室に座っていると、アマラが他の銀河から連絡をくれた。アマラは先ほどそこ、アンドロメダ銀河での仕事にかかりきりになっていて、戻れなかったということだったが、女神マノヴァティが私たちに連絡をくれたことは知っていた。アマラもそれを喜んでいて、女神の援助を受け入れてよいと許可してくれた。けれどもまた、呼び戻されてもマノヴァティには戻らないようにとも警告された!

最近アマラ夫人から、マノヴァティの発展のために戻ってきて働かないかとの提案を受けたとき、私はこのアマラの言葉を思い出した。

なぜ自分はマノヴァティから除外されたのか、アマラに尋ねてみたことはなかったし、アマラからも説明はなかった。けれども、アマラさえ一緒にいてくれるのならばそれ以外のことは問題にならなかった。ある時、こうきいてみた。

「他の人たちとも交流があるのですか？」

アマラは答えた。

「ええ」

誰と交流があるのかはきかなかった。それは大事なことではなかった。私はまた、アマラがさまざまなレベルで、さまざまな目的から、いろいろな人たちを指導することになるだろうことも知っていた。私はただアマラと繋がっていることが嬉しかったし、仕事にも満足していた。

・・・

一九九四年二月一日は、アマラの誕生日だった。生徒が一同に会し誕生日を記念して瞑想した。特別な瞑想によって特別な日を祝うのが、タポナガラの流儀だった。

その日は、カルキ神を賓客に迎えた。リシたちは、カルキ神に特別なエネルギーを捧げて礼拝し、特別な装置を進呈した。また私の体に埋め込まれていたアストラルな装置の修理もしてくれ、プララヤ*(帰滅)のエネルギーを解放する仕事をカルキ神の指導下で行って、カルキ神に毎晩報告をするようにとの指示を与えた。この仕事を遂行した三年間、多くの装置が私に取り付けられた。

これらの装置は、私のアストラル体ではなく、コーザル体*(原因としての体)に取り付けられた。コーザル体というのは、アストラル体に比べて波動が細かい。アストラル体や、アストラル体に取り付けた装置は、損傷する可能性があるのだが、コーザルなレベルにある装置には、誰も手出しができない。それらに触れられるのはリシたちだけである。

私は、リシたちと共に、アストラル界での多くの仕事に携わってきた。翌朝目を覚ましたとき、すべてを覚えていることもある。けれどもほとんどの場合、思い出すことは許されていない。記憶はリシたちによって消され、この物質界での仕事に必要な記憶のみが表面化してくる仕組みになっている。意識に記憶が残っているときでも、私は人には話さないし記録もしない。

・・・

一九九四年三月には、タポ・ローカ*6からリシの一団がやってきて、数日滞在してタポナガラと他の次元を繋ぐトンネルをいくつも作ってくれた。お陰で、大幅に時間が節約できるようになったうえ、アストラル・トラベルの途中の安全も守られるようになった。これらについて知っていたのは、ここではガンガ一人だった。桁外れの能力を持ったソルントラも、このことを知るもう一人の人物だった。

一九九四年三月、リシたちはガンガと共にクンダリニー*7の実験を行った。彼女は、マントラを唱えてクンダリニーが上昇してくるに任せるよう、指示を受けた。リシたちは、クンダリニーの上昇を測定し、私に結果を記録するよう指示した。実験は約二十日間続いた。クンダリニーは日々高まっていき、上昇の度合いも増していった。ガンガは、痛みと不快感とに苦しめられながらも、時に歓喜と力が体の内で高まってくるのを感じた。リシたちは、その力をガンガの中から取り除いて地中に移し、痛みのほうは除去した。

ガンガの体が拡張に耐えられなくなったので、実験は中断された。リシたちは、クンダリニーについて多くのことを教えてくれた。この極めて貴重な情報は、将来のヨーギ*（ヨーガ行者）たちの助けとなるだろう。私は実験を続けていき、将来クンダリニーについて書かなければならない。

・・・

一九九四年九月に、大規模な式典がアストラルなレベルで催され、サプタ・リシのほか、多くのリシが参加した。式典の終わりに、私は火の中に立って誓いをたてるよう指示された。私は、永遠にリシたちのもとで働くこと、そして万人の幸福のために働くことを誓い、今すでに持っている力もこれから獲得する力も、自分個人の利益のためには決して使わないことを誓った。その後アマラが、私が高位のリシに昇格されたことを発表した。

それ以来私は、瞑想の生徒やライト・ワーカーたちに、アストラル界での仕事をするための訓練をつけはじめた。時には彼らをシャンバラに連れていくこともある。私は、神的領域でエネルギーを集めてきて、地球にそれを配る仕事にも参加するようになったが、これは一人でこなしている。私は多くの仕事を一人で行っている。

・・・

一九九四年十一月三十日のことだった。クリシュナ神が私のヴィジョンに現れてこう言った。「あなたはあと三年の命です」

〔訳注〕

＊1　ブラフマ・ローカ　アマラによれば、創造的エネルギーの領域で「神的コスモス」に属する。

＊2　サラスヴァーティー川　古代文献の中で言及されているが、現在は存在しない。

＊3　カルキ神　カリ・ユガの終わりに救世主としてやってくると言われる。ヴィシュヌ神の化身とされる。

＊4　サティヤ・ローカ　アマラによれば「マテリアル・コスモス」の上位七つのローカの中でもっとも高いローカ。

＊5　マハー・アヴァターラ　一つのサイクルの終わりごとにやってくる。人間を救うために、仮に人間や動物の姿をとって地上に降臨した神格。

＊6　タポ・ローカ　アマラによれば「マテリアル・コスモス」の上位七つのローカの一つで、長い瞑想とタパスのための領域。

＊7　クンダリニー　人間のシステムに眠っているスピリチュアルなエネルギー。

5 延長された寿命

一九九五年〜一九九七年

私は自分が先の短い身であることを教室で話し、毎号のニュースレターにも書いた。外部の人たちも心配して手紙や電話をくれては、力になりたいと言ってくれた。私は、エゴを制御して、寛容と親切と人を許す心を培うようにと伝えた。

リシたちは、アストラル界で教室を開いていた。そこで多くの生徒は、リシたちの助言に従い、成長してサーダナ*（スピリチュアルな修養）の高い境地に至ろうと、極めて真摯に努力を重ねていた。けれども、私たちの仕事に積極的に関わっている人の中には、リシたちが何を言っても意に介さない人たちもいた。思いがけない反応だった。

それまでにも私は、エゴの悪魔的な働きのために、穏やかで幸せな家庭が崩壊し、仲間割れが起き、組織が没落するのを目の当たりにしてきた。しかし自分の身近な人たちには無縁のことだと思っていた。けれども、私の言うことにも、リシたちの言うことにも耳を貸さない人たちがいた。彼らは、エゴの甘い声だけに耳を傾けた。私は彼らを教育しようとしたが無駄だった。彼らは一歩前に進むと、何歩も後退するのだった。

エゴの問題のために、マノヴァティで推進されていた大規模なスピリチュアルな計画が頓挫したことがあった。ここで同じことを繰り返したくはなかった。リシたちは悲しみ、私も眠れぬ夜を過ごした。問題の人たちを間違った道から引き戻そうとしても、うまくいかなかった。私は、彼らを変えようとするのをあきらめ、いつか彼らが成長して、仕事を台無しにしないでくれることを願いながら、孤独の殻に身をひそめた。活動の拡大も、瞑想を教えるためのセンターの新設も、当面は見送ることにした。

ある日、集まりの最中に、ある人が騒ぎを起こした。そこにいたリシは私に、そのグループを解散するよう指示した。ガンガも一九九七年十二月十八日に、タポナガラを去っていった。リシたちは、彼女に装着させていたアストラルな装置を取り外し、彼女との連絡を絶った。

何カ月か前に、何人かの生徒から、彼らの見たヴィジョンについて報告を受けた。それは、私の身近な人たちが、私の死後に、指導権をめぐって口論し、争っているというものだった。しかし、私がまだ肉体に留まっているうちから、目の前でこうしたことが繰り広げられたのだ。私のやり方が穏健すぎたのだろうかと、何度も考えてみた。それとも単にエゴの問題だったのだろうか。

このような現実には心が痛む。それでも私の意欲は少しも挫《くじ》かれない。より良い明日への希望が損なわれることはない。私は無責任に希望を持ち続けているわけではないし、いたずらに楽観しているわけでもない。毎回仕事が妨害されるようなことがあれば、リシたちも黙ってはいないことが、私には分かっている。リシたちは必ずや仕事を守り、仕事の発展を助けてくれるだろう。

どんなものであれ、容易に手に入るというのは、よくないことなのかもしれない。容易に得たものを概して人は大切にはしない。リシたちは、少しも出し惜しみすることなく多くの知識を授けてくれたし、サーダナが進むよう強力に後押しもしてくれた。けれども、試行錯誤するなかで精進したほうが、むしろ生徒たちのためだったのかもしれない。私には分からない。

・・・

私には多くの素晴らしい生徒がいる。その一人一人が灯光のように輝いている。何人かはサマーディ*（三昧。瞑想における完全な沈黙の状態）の中でも特に高い境地を経験したが、これは容易なことではない。リシたちは、誠実で信心深い者をいつも助けてくれる。リシたちが救いの手を差し伸べてくれた例を、いくつか記しておきたい。これらの話は、リシたちの働きを如実に物語るものである。

あるサマーディ・ヨーガの生徒が、瞑想で壁に突き当たった。しばらくの間彼女には、一向に進歩が見られなくなってしまった。リシたちはこのことについて調査し、彼女が過去生で師の怒りをかったことを突き止めた。その人は、彼女に呪いをかけたわけではなかったが、彼が怒ったというだけでも、今生において彼女が一定以上スピリチュアルに成長できないようにするに足るものだったのだ。リシたちは、その人が別のローカ*（世界）でタパス*（深く長い瞑想）をしているのを探し当てると、深いレベルで働きかけて、彼女の問題について説明した。彼女の師は、とても偉大な人物だった。彼は、自分の怒りが障害になったことを全く知らなかった。彼は、早速サマーディの状態から抜け出して、自分のタパス・シャクティ*（タパスによって得たエネルギー）を使って彼女の障害を取り除き、彼女を祝福した。その後彼女は、容易に瞑想できるようになり、みるみる成長していった！

ある少女が、深刻な健康上の問題を抱えて入院していた。リシたちが連絡を取ると、彼女は、体を去りたいとの希望を表明した。けれども彼女にはまだ長い寿命が残されていて、その間、痛みと苦しみから一時も解放されることのない運命だった。リシたちは、生と死について決定する人たちが仕事をしているところに赴くと、当局の神的生命に相談して、体を去ってもよいとの許可を、彼女のためにとりつけてきた。彼女の体は、病気のためにすっかり蝕《むしば》まれていた。

彼女は、病院で亡くなった。私は、彼女が肉体を去る様子をヴィジョンの中で見た。彼女は結跏趺坐《けっかふざ》の姿勢で肉体から出てきた。リシたちは、来世でまた病気に苦しまなくてすむよう彼女のカルマを燃やしてから、もう一度生まれることができるよう援助した。

ある生徒は、強烈な頭痛を訴えていた。どんな薬も効かなかった。リシたちは彼を調べ、アストラル体の蛇が頭痛の原因であることを突き止めた。彼は前世で、何の危害も加えられていなかったのにその蛇を残忍な方法で殺したのだ。リシたちが蛇に語りかけてみると、蛇は、その人を痛めつけるのをやめるつもりはないと言った。そこでリシたちが、故郷のローカに連れていってムクティ*（解脱）を得られるよう助けると請け合うと、蛇はこれを承諾し、彼から離れた。以来、頭痛は起きなくなった。

人を殺す幽霊についての最後の話は、興味深いものである。寿命が尽きる前に不幸な状況で亡くなった人が、殺人幽霊となり、自分の家族数人を殺害した。家族の何人かが、彼が家族を皆殺しにすると脅《おびや》かしている夢を見た。当然のことながら、一家は恐れおののいていた。私の生徒がその家族の一員だった。

リシたちが、その幽霊に連絡を取り、これ以上人に危害を加えないよう求めたところ、幽霊はそれを拒否し、良い場所に連れていこうというリシたちの申し出もはねつけた。ついにリシたちが、このまま人殺しをさせておくわけにはいかないので罰を下すと警告すると、幽霊は仕方なくそこを離れたが、リシたちと一緒には行かず、闇のグループに入ってまた人を殺しに戻ってくる、と言い放ったのだった！

死人は出なくなり、悪夢はおさまった。その数カ月後のこと、夢に殺人幽霊が現れて、今はサプタ・リシと一緒に幸せに暮らしていると知らせてきた！

・・・

私の生徒たちは、数え切れないほどの経験をした。他のグループで瞑想をしている人たちは、それらの経験の内容や、経験の深さと頻度に、また初心者にも経験が起きることなどに驚嘆した。経験をするのは良いことである。けれどもそれは瞑想の目的ではないし、瞑想を計る尺度でもない。私の生徒たちはこのことをよく理解している。経験を享受はするが、そこにとらわれてしまうことはない。

新しい試みとして、私たちは、瞑想と経験についての二種類の質問を作成し、それらへの回答を二冊の本にまとめて出版したが、これは研究のための豊かな資料にもなるだろう。

私たちは「ライト・チャネル／光を媒介する者たち」というグループを作った。このグループに属する瞑想の生徒は、宇宙からエネルギーを引き出してタポナガラに運んでくる。エネルギーは、いったん地下に保存され、リシたちが、自分たちの仕事に必要なときや、生徒たちが危険や困難に遭遇したときに用いるのである。引き出してきたエネルギーを世界中に散布することはなかったが、これはプララヤ*（帰滅）の仕事の妨げにならないようにとの配慮からである。

ソルントラは、一九九五年六月にタポナガラに滞在し、カシミールから運んできたエネルギーを地中にある金色のディスクに移した。

一九九七年八月二十五日には、アマラの霊廟に活発なエネルギーがふんだんに注入された。ここには、アマラが茶毘《だび》に付されたマノヴァティから私が持ってきた聖なる遺灰を祀《まつ》ってある。この場所にリシたちが、エネルギーが湧き出る泉を作ってくれたので、以来、生徒たちはそこに常に生きた存在を感じ取れるようになり、質問を携えてやってくれば必ず答えを得、悩みを抱えてやってくれば簡単に解決法を見つけられるようになった。

一九九五年八月二十七日、ビーシュマ*(『マハーバーラタ』の登場人物)がタポナガラを訪ねてきた。彼は、私たちがリシたちの仕事を続けていることをとても喜んでくれた。彼は私たちを祝福し、またしかるべきときにやってくると約束すると去っていった。

・・・

人間の姿をした蛇の女神は、二十年以上リシたちの仕事に深く関わっている。女神は特別な能力を用いて、リシたちを闇の力からたびたび守ってくれた。彼女は、タポナガラの番人である。私が、仕事中に何人かの闇の人物に捕らえられたときには、女神が凄《すさ》まじい形相で駆けつけてきたので、彼らは私を置いて逃げ出してしまった。

リシたちは、どんな小さなことに関してもいつも彼女を助けていた。また彼女は何度か事故にあったが、そのたびにリシたちに命を救われた。

・・・

一九九七年のはじめ、心臓に撃たれたような痛みを覚えることがたびたびあった。

一九九七年五月、血管造影検査によって、主要動脈が詰まっていることが分かった。薬を処方され厳しく食事を制限された。

一九九七年八月、リシたちは、私の命が一九九七年十一月十二日までであることをきっぱりと告げた。私はこのことを誰にも言わずに、その日のために準備を進め、将来の仕事についての指示を書きつけた。けれども一九九七年十月に、リシたちから、私の寿命を延長してもらったとの知らせを受けた。リシたちは、具体的に何日、何年延長されたのかについては何も言わなかったし、私もきかなかった。

一九九七年十二月二十四日には、深刻な痛みに苛《さいな》まれた。夜には重度の心臓発作が起きる予兆があった。人が、私の診断書を持って外科医のところに出向くと、ただちに手術を受けることをすすめられた。一九九八年一月二日、私は入院することにした。この本を書き終えたあとのことだった。

一九九七年十二月二十七日に、私は二つのヴィジョンを見た。一つは黒い十字架のヴィジョン、もう一つは私の遺体を乗せた手術台のヴィジョンだった。私は、三年前のクリシュナ神の言葉を思い出し、ついに肉体を去るときが来たことを悟ると、手早く準備を整え、待った。

担当医が、血管造影検査の写真を確認したというので見せると、そこに詰まりは写っていなかった！　彼は、私の心臓には何の問題もないと太鼓判を押してくれた。

リシたちからは、詰まりが消えたことについてもヴィジョンについても説明はなかった。質問してみたが、彼らは微笑んだだけだった。死が差し迫っていたために、私は死を待つという一種の警戒態勢を取ることになった。また、死をめぐって人間がどういう経験をするか身をもって知り、生きて過ごす一瞬一瞬の有り難さを学んだ。

・・・

一九九七年十二月二十四日の夜、私は瞑想の中でキリストを礼拝した。巨大な星が地球の上方に現れたと思うと、星から黄金色の光線が放たれ、地球上のすべての人の中に入っていった。このような壮観は初めてだった。壮麗な眺めだった。

一九九七年十二月二十五日、ヴィシュヴァミトラ・マハリシから連絡が入った。「書き留めてください。新しい時代《ニューエイジ》のための新しい瞑想法を伝授します」。私は半時間以上書き続けた。彼はこう言った。「一九九八年には、全精力を傾けて仕事をしてください。すべての人にとって困難な年になるでしょう」

私は長い時間にわたって瞑想をした。

・・・

一人この部屋に座って、私は新しい時代が間近に迫っていることを実感している。リシたちは、そのために働いている。私たちも、偽りを追い求めて時間を無駄にすることはやめ、行動を開始し、成長していかなければならない。

6 光の中に生きる

私たちの多くは、スピリチュアルな知識については、年長の人に教えられたことや、新旧の書物に書かれたことに甘んじている。生をめぐる疑問への答えと生の背後にある真理を見つけようと、未踏の領域へと乗り出すのは、ほんの一握りの者だけだ。答えを見つけようともしなければ、私たちは、基本的な事実すら知ることなく死を迎えることになってしまう。

事実を知れば思慮分別が生まれ、心ある適切な生き方ができるようになり、平安と幸せの内に生きられるようになる。知識というものは、今生を、現在を、今直面している現実を助けるためにある。この世で平安を得られずに、あの世でモクシャ*（解脱）を得られるはずはないのだから。

人は、次のような事実を知るべきである。

現在の生を受ける前にも私たちは生きていた。この生が終わりを迎えても私たちは死なない。私たちは、肉体と共に死ぬのではなく、アストラル体として生き続ける。

私たちが住む領域と次元以外にも、さまざまな領域と次元が存在しており、そこにも人間が暮らしている。その人たちは、サイエンス・フィクションに出てくるような緑色の小人ではなく、私たちよりはるかに知的で洗練された、すべての科学においてはるかに先を行く存在である。その人たちはまた、とても善良で心優しく愛情深い。彼らは、今生でも来世でも、さまざまなことで私たちに手を差し伸べてくれるだろう。

リシたちは、プラーナ文献に登場するというだけの架空の存在ではなく、現実に存在している。この地球に暮らしているリシたちもいるが、多くは高い領域に暮らしている。彼らは、光の存在《ライト・ビーイング》たちの巨大なネットワークの一員として、コズミック・インテリジェンス＊（宇宙知性）の元で働いている。どんな人でも、アストラル体でリシに連絡を取り、指導を受け、助けを得ることができる。

瞑想は、意識を拡張するための最初の一歩であり、他の方法は、瞑想という最高の方法を始める準備を整えるためのものである。どんな瞑想法も、サマーディ（三昧。瞑想における完全な沈黙の状態）の経験へと向かうが、一度サマーディに至れば、あらゆる瞑想の方法は溶け合って一つの道、つまりサマーディの道となる。サマーディにおいて、意識は、宇宙の極限まで拡張して神を経験する。この経験は、私たちに至高の知識と最高の平和とをもたらしてくれる。サマーディから来る知恵と途方もない力のお陰で、私たちは真理の光の中に生きられるようになる。私たちの中の悪しきものは良きものにとって代わられる。生が、真に美しい経験となるのだ。

・・・

タポナガラでの私たちの仕事は、人々が、自らの神的本質を前面に出せるよう手助けをすることである。悪いものを良いものに変えていき、この世で喜びあふれる人生を過ごせるように、そして死後には究極の解放、ムクティ*（解脱）を得られるよう力を貸すことである。

混迷の時代に、ここでは明快なスピリチュアルな指導を提供している。

ここはタパス*（深く長い瞑想）の場所である。ここで人は容易に光を見つけることができる。リシたちという最高の案内人が、どんな人をも光へと導いてくれるのだから。彼らは私たちを光の世界へと招いているのである。

訳者あとがき

本書『光への招待／DOORWAYS TO LIGHT』の著者・クリシュナナンダは、一九八八年より二〇一二年十一月に没するまでの二十四年間、南インドのバンガロール郊外の小さな村の簡素な家に暮らし、瞑想の教師としてひっそりと活動してきた。本書にも書かれているように、その村に越してきたときにはすでに中年で、事情があって一文無しだった。当初の住まいは、荒れ地の中の扉もない粗末な小屋で、近くの森にはジャッカルの群れやコブラも生息していた。その頃は農業に従事して生計をたてていた。

一貫して瞑想の指導をし、また問題をかかえてやってくる人たちを無償で助け続けたその二十四年の歳月の間には、瞑想や会合のための建物やスピリチュアリティの研究のための施設も建て、美しい庭園も造った。増えていった著作は、その独自な内容で、静かな反響を広げていった。村人たちを良い条件で雇用したり、子供たちに勉強を教えたりするほか、さまざまな配慮によって村にも貢献してきた。また近年には、著者を慕う瞑想の生徒たちとその家族が、著者の住まいのそばに土地を買って家を建てては次々と移り住んできたため、周辺は小さなコミュニティーのような様相を呈し始めた。その住人たちは、中産階級の出身で、その多くが主にバンガロール市に通勤して、IT産業、金融関係、医療などの仕事に従事し、普通の勤め人として暮らしている。

高原の町、バンガロールはインドの中にあって例外的に過ごしやすい気候と緑の多いあか抜けた街並みで、かつては「ガーデンシティ」として知られていたが、二〇〇〇年代以降、IT産業の発展により世界中の企業が拠点を置くようになり、「インドのシリコンバレー」と呼ばれるコスモポリタン都市へと発展を遂げていった。

クリシュナナンダが暮らす、バンガロールから二十キロ離れたチッカグビ村とその近隣も、バンガロールの発展により地価が高騰して豊かになった。とはいえ、村の風景はのどかで、近辺には大きな畑が散在し、家々の庭先には牛や山羊などの家畜がつながれている。空き地に囲まれた埃っぽい大通りは、自転車や車がまばらに通り、時折山羊の群れを率いて歩いていく人や荷物をひく水牛が通っていく。空き地では野生の猿の群れが大きく茂る木々の間を飛び回り、犬たちに吠えられている。その喧噪のそばでは、村の小さな学校での一日を終えた子供たちがクリケットをしてはしゃぎ、少し離れたところにある石切場からはダイナマイトが爆発する音が響いてくる。この牧歌的な風景の村はしかし、本書で語られているように想像を絶する物語を秘めている。

その物語は、著者とアマラという名の不思議な王族の男性との出会いから説き起こされる。アマラは、瞑想の教師として静かに活動していたが、またその千里眼について人づてに聞いてやってきた文盲の村人から政治家までの多様な客人と無償で面会し、ビジネスから個人の問題、形而上学的問題に至るまでの多様な内容の相談を受け、アドバイスを与えていた。

なぜそのような活動をしていたのか、そしてその非凡な能力はどこから来ていたのか。アマラは、自分は平凡な人間だが、縁あって「サプタ・リシ／七人のリシ」を「媒介」している、と言う。リシというのは、「聖仙」「仙人」とも訳される、インド神話に登場する神のような存在であり、「サプタ・リシ」というのは、代表的な七人のリシからなるグループなのだが、彼らはお話の登場人物ではなく現に存在しており、太古より現在に至るまで神と人類とを媒介し続けてきたのだ、とアマラは言う。アマラは、もっぱらリシの命ずる通りに行動し、リシが教えてくれる通りに語っていた。彼は十二歳のときから、日々「アストラル・トラベル」により異次元の世界に出入りし、このリシたちと共に人類の幸福のために働いてきたのだ。

クリシュナナンダは、少年時代より芸術と文学に心酔し、とりわけ絵画に傑出した才能を示しながらも、貧しい家計を支えるための労働に明け暮れざるをえず、苦学をして大学を出て役所に勤めたあとにも金銭的困難に見舞われ続けたが、三十代でアマラと出会って瞑想を始め、その高潔この上ない人柄に触れ、さまざまに啓発を受ける。そしてまた誰からも聞いたことがないような、またどんな本にも書いていないような、人類の由来や宇宙の生成、神についてなど、さまざまな話を聞かされるにつれ、その常軌を逸した内容に圧倒されながらも、自身も次第にアマラのように異世界に出入りするようになっていくのである。

実際、クリシュナナンダの生徒たちの多くは、地味な服装に身を包んだ背が高くハンサムな師を、この本の中に描かれるアマラと本当によく似ていると感じてきた。アマラ同様に、穏やかで言葉少なく、いつも上機嫌で、その人が動揺したり怒ったりした姿を見た者はいない。素朴でありながら、威厳をたたえている。どんなときも理解して手を差し伸べてくれるので、気がつけば誰よりも慕い頼りにしている。教養深く、バランスのとれた人となりで、風変わりなところは少しも見受けられないが、同時に、うかがい知ることのできない不思議な世界につながっている。

いつ誰がどのような質問を投げかけても、即座に明快で簡潔な答えが返ってくるのにはとりわけ驚かされる。同じ質問であっても、別の人がすれば別の答えが返ってくることもあるし、しばしば答えは、常識とは相容れない大胆なものである。クリシュナナンダによれば、彼もアマラ同様にリシを媒介し、さらには亡きアマラをも媒介している。そして、クリシュナナンダが暮らすチッカグビ村周辺は、このリシたちの活動の拠点であり、彼らが異次元から運んできた「エネルギー」の貯蔵所ともなっているのだ。

生徒たちは、師の言葉から垣間見る、知られざる世界のあまりのスケールに驚愕しつつも、その清廉潔白な人が偽りを語るとは考えられず、いつの間にかすべてを信じてしまっている。

とはいえアマラもクリシュナナンダも、未知の世界のことよりも、人間としてまっとうに生きることの大切さを繰り返し強調してきた。未知の世界を知ることは、その助けになる限りにおいて、またその助けになるからこそ、重要なこととされる。こうした姿勢は彼らの宗教への懐疑的な態度とも結び付いている。クリシュナナンダは、「宗教は、今後滅びなければならない」とまで明言している。純粋であれば自然と神に近づくのだから、そしてどんな人にも組織や司祭を介さずに神やリシなどと交流する能力があるのだから、宗教という人間の作った制度は必要ない。彼らは露出を控え、自分や組織を宣伝するような活動はせず、生徒たちにも何の強制もしない。自分たちのほかにも素晴らしい活動をしている人たちが大勢いることを知るべきであるし、人に自分たちの信じることを押しつけたり説得しようとしたりしてはならない、と注意してもきた。

「スピリチュアリティとは、素朴《シンプル》で、善良で、正直であること」とクリシュナナンダは口癖のように語っていた。瞑想をするのはそのように変容するためであり、瞑想自体が目的なのではない。だから、神を信じない人であっても瞑想をしない人であっても、その人が誠実であり、自分の信じる道を真剣に究明するのならばそれで到達すべきところに向かうことになる。

とはいえ、本書のテーマの一つは瞑想である。アマラによれば、私たちは、本来光の粒子のようなものであったが、さまざまな経験を求めてこの世界に人間となってやってきた。この世界での滞在が長くなるにつれ、経験にどっぷりつかって、光としての自らの本質を忘れてしまった。自分が光であることを思い出すためには、長年にわたって堆積してきた精神を覆っている余剰な経験を浄化しなければならないのだが、そのもっとも効率の良い方法として瞑想が紹介される。光としての本質を思い出すにつれて、人は本来もっていた諸能力を取り戻していくが、それと共に人生のあらゆる問題に善処し、人生を十全に開花させることができるようになる、と言う。さらに、光を広げることによって世界に貢献することができる。また人類は、善と悪が混在する現在の世界を抜けて、やがて光の時代に入ることになるが、瞑想はそのための強力な準備ともなってくれる。

クリシュナナンダは、二〇〇〇年代には、瞑想以上に簡単に実践できる、「ライト・チャネリング／光のチャネリング」を紹介した。これはとりわけインド各地の小学校から大学までの教育機関に属する生徒たちによって実践されてきたが、心の安定、学力や生活態度の向上ほか、さまざまな効果が報告されている。今日までに二百四十万人の子供たちが実践し、毎日千七十五校の四十八万五千人の子供たちが朝礼で実践している。

二〇一二年八月、クリシュナナンダは体調を崩し、十一月末に亡くなった。七十三歳だった。深刻化していく病状のなかで、付き添った生徒たちや医者たちに痛みはないかときかれても、大丈夫とか少しだけという答えで、つらそうな様子を見せることはなく、むしろ周りの人たちに優しい言葉をかけ冗談を言っていた。弱って口をきけなくなってからも、不思議なほどに生き生きとして平安の中にあり、いつものように微笑んでいた。そして皆に感謝しながら静かに亡くなったという。

その遺体は、生徒たちによって、本人の希望どおりに無宗教の形式で住まいのそばの庭園で火葬にされた。火葬には、クリシュナナンダを慕う村人や地方政府の大臣なども参列した。間もなく、生徒たちから、後継者はたてず皆で協力して師の教えを受け継ぎ、瞑想の指導を続けていくとの発表があった。

生前クリシュナナンダは、自分がいなくなってもほかの人たちが瞑想の指導などの仕事を続けていけるような体制をすでに整えたとしばしば口にしていた。また、マスターたちは、通常の人間のように肉体の死と共に別の領域に旅立って地上から消えてしまうことはなく、自分のエネルギーを残すものなので、死後もこの世界に生きるのだとも話していた。そして自らについても次のように語ったことがあった。「私は、肉体を去るときには、自分のエネルギーをタポナガラ（クリシュナナンダの拠点の地名）に残します。それは何世代もの間ここに残り、人々はいつでもそれを受け取り、そこから恩恵を受け、指導、助け、保護を得ることができるでしょう。私の師（アマラ）はここにはいませんが、彼のエネルギーは「タポナガラにある」霊廟にあります」

・・・

本書の出版に際しては、編集を担当してくださった太陽出版の飽本雅子さんに、さまざまにご支援いただきました。伏してお礼申し上げます。

二〇一三年五月

真名　凜

追記：瞑想の方法などについては、小冊子、『光の中に生きる』の日本語訳をご参照ください。マナサ・ライト・エイジ・ファウンデーション　Manasa Light Age Foundation（クリシュナナンダが設立した、マナサ・ファウンデーションの兄弟組織）のウェブサイトよりダウンロードが可能です。http://www.lightagemasters.com/downloads.php?lang=Japanese

著者紹介

クリシュナナンダ *Krishnananda* (1939-2012)

南インドのカルナータカ州に生まれる。少年時代より、神話、芸術に親しみ、著述と絵画を始める。1977年、南インドの知られざる聖者、アマラ（1919-82）と出会い弟子となる。1981年、アマラのもとでスピリチュアルな仕事に専念するため、公務員を辞する。1988年、バンガロール郊外の村に、マナサ・ファウンデーションを設立し、師アマラから受け継いだ瞑想の科学を「サプタ・リシの瞑想の道」へと発展させた。現在周辺には、彼を慕って移住してきた生徒たちによる、小さなコミュニティーが出来上がっている。本書は、パラマハンサ・ヨガナンダ著、『あるヨギの自叙伝』（"Autobiography of a Yogi"）に続く、インドのスピリチュアリティの新しい古典と見なされている。

著書に "Descent of Soul", "Practicing Shambala Principles", "Channeled knowledge from the Rishis" (1-4) ほか多数がある。"How to Meditate"（瞑想法）は、瞑想の最高の手引書との評価を得ている。

光への招待
～神の使者たちとのアストラル通信～

2013年8月23日　第1刷

［著者］
クリシュナナンダ

［訳者］
真名 凜

［発行者］
籠宮良治

［発行所］
太陽出版
東京都文京区本郷 4-1-14　〒113-0033
TEL 03-3814-0471　FAX 03-3814-2366
http://www.taiyoshuppan.net/
E-mail info@taiyoshuppan.net

装幀・DTP＝森脇知世
［印刷］株式会社　シナノ パブリッシング プレス
［製本］井上製本

ISBN978-4-88469-779-2